"儒家文明省部共建协同创新中心"资助项目

山东大学儒学高等研究院重点项目

山东省"泰山学者"项目阶段性成果

汉字
中国

廉

曾振宇 ◆ 主编

任松峰 ◆ 著

华夏出版社
HUAXIA PUBLISHING HOUSE

图书在版编目（CIP）数据

廉／任松峰著 . -- 北京：华夏出版社，2020.6
（汉字中国／曾振宇主编）
ISBN 978-7-5080-9794-7

Ⅰ. ①廉… Ⅱ. ①任… Ⅲ. ①汉字－通俗读物 ②中华文化－通俗读物 Ⅳ. ① H12-49 ② K203-49

中国版本图书馆 CIP 数据核字（2019）第 122836 号

廉

作　　者	任松峰
责任编辑	蔡姗姗
美术设计	远顾设计工作室
责任印制	顾瑞清
出版发行	华夏出版社
经　　销	新华书店
印　　刷	三河市万龙印装有限公司
装　　订	三河市万龙印装有限公司
版　　次	2020 年 6 月北京第 1 版 2020 年 6 月北京第 1 次印刷
开　　本	880×1230　1/32
印　　张	8.25
插　　页	4
字　　数	180 千字
定　　价	59.00 元

华夏出版社　地址：北京市东直门外香河园北里 4 号　邮编：100028
　　　　　　网址：www.hxph.com.cn　电话：(010) 64663331（转）
若发现本版图书有印装质量问题，请与我社营销中心联系调换。

篆书　清　邓石如书　阴符经

隶书　东汉　曹全碑

房中急棄捐摇俗專子精寸田尺宅可治生
繫子長流心安寧觀志流神三奇靈閑暇
無事脩太平常存玉房視明達時念大
倉不飢渴俊使六丁神女謁開子精路可
長活正室之中神所居洗心自治無敢汙
觀五藏視節度六府脩治潔如素虛無
自然道之故物有自然事不煩垂拱無為
心自安體虛無之居在廉閒宴莫曠然口
不言恬惔無為遊德園積精香潔玉女存

楷书　东晋　王羲之书　黄庭经

行书　唐　陆柬之书　文赋

序

《汉字中国》丛书即将付梓，主编曾振宇教授嘱我在书端写几句话。我认为"汉字中国"是个好题，丛书的出版是件好事，摆到读者面前的是一套好书，振宇教授美意岂能却之？遂谨献鄙意如下。

首先我想说，这是一套什么样的丛书。显然，它不是研究中国文字的学术丛书，而是在文字研究基础上通俗地讲述中国自有的文化哲学体系中一批重要概念的著作，是一套把汉字与它所承载的哲学概念如何紧密地融合起来这一独特的现象呈现出来的创新之作。

丛书的编著者们认为"中国本土哲学与文化形态中的概念、文字和词语是中国哲学与文化的'结晶体'"。这是一个含义很深邃、又很形象的比喻。这就意味着《汉字中国》将对中国哲学与文化的概念进行深入解读，探索其内涵和外延，从而发掘、展现中华文化与其哲学的精神、品质、性格的独特性，消解中国哲学与文化之双足只穿西方哲学之鞋履所带来的误解、困惑与尴尬。反过来看，通过对中国哲学与文化的认知和体验，又可以明了并深化对这些汉字形音义的来龙去脉、衍生变异以及遗存、渗透在现代汉语词汇中的文化基因的认识。或许这也是本套丛书冠以《汉字中国》之名的用意所在吧。

诚然,《汉字中国》所分析、论列的,大多是日常所用的字词,有些即使是"专门"词语,也已经为越来越多的人所习见;但是,由于种种历史的、社会的原因,今人也常常与这些字词的深意若即若离。而如果忽略了汉字在数千年传承、延绵、孳乳、变异过程中沉淀于后世语言形式里的传统文化意义,就会冷淡了中华文化的特性,很可能语言/概念发生"漂移"现象,不得已时只好乞灵于异质文化,从而难以形成阐述中华文化的中国话语体系。

"结晶体"这样一个形象而很有意趣的比况,更会引发读者的遐想:在这个"结晶体"里面,有着丰富多样的微观世界,中国文化的种种现象和思想都在有序地存在着、排列着。由此可以想见,《汉字中国》的筹划、酝酿、研究,用心良苦矣!我不由得又想到,《汉字中国》的影响所及,可能并不仅限于人文社会科学、哲学领域,即使在构建科学技术伦理、自然语言处理、人机对话、中外语言互译,乃至人工智能等领域,似乎也可以参考一下吧。

话说得远了些,就此搁笔。
忝谓之"序"。

2019 年 8 月 22 日

汉字中国
◆ 廉

目录

第一章
"廉"义探源 …………………………………… 1
一、"廉"观念的早期萌发 ………………………… 1
二、"廉"字的词源学解析 ………………………… 6
三、"廉"涵义的历史嬗变 ………………………… 8

第二章
百家争鸣中的"共鸣" ………………………… 15
一、儒家思想中的"廉"范畴 …………………… 16
二、道家学说中"廉"观念 ……………………… 29
三、法家论"廉" ………………………………… 36
四、墨子"贵廉"思想 …………………………… 41
五、晏子节俭养廉 ………………………………… 45

第三章
大一统下的政治化趋向 ……………………… 51
一、秦汉统治者们的倡廉惩贪 …………………… 52

二、汉代思想家们的倡廉主张……………………61
三、秦汉时期的清官循吏及其嘉言善行…………80

第四章

分裂割据中的傲然挺立……………………90
一、魏晋南北朝时期统治者们的倡廉思想与举措………91
二、魏晋南北朝时期思想家们的倡廉主张……………106
三、魏晋南北朝时期家训中的廉洁教育………………112
四、魏晋南北朝时期廉吏之典范………………………118

第五章

封建盛世下的制度化发展……………………127
一、律令格式中的促"廉"规定………………………127
二、典章制度中的保"廉"举措………………………132
三、隋唐统治者们的惩贪倡廉…………………………136
四、唐代的贤臣良吏及其令德懿行……………………152

第六章

冲突融合中的多维呈现……………………161
一、宋元时期封建皇帝的戒奢倡廉……………………162
二、理学诸子的廉洁思想………………………………172
三、宋元时期官箴书中的劝廉主张……………………184
四、宋代家训中的养廉思想……………………………194
五、宋代清官中的践廉典范……………………………202

第七章

传统文明衰落中的强化……………………**212**

一、明清统治者们的倡廉惩贪……………………213

二、"清初三先生"的廉洁思想……………………225

三、明清时期"官箴书"中的劝廉良言……………234

四、明清时期清官循吏中的楷模…………………241

参考文献……………………**253**

第一章
"廉"义探源

"廉"是中华传统伦理的重要范畴，是一种极受人们褒扬的道德修养，它对中国社会、中国文化乃至中华民族的性格养成都产生了重大而深远的影响。在中国古代社会漫长的历史发展过程中，"廉"范畴的基本内涵随着时代的变迁、社会的发展以及文化背景的变动而逐渐发生变化。那么，何谓"廉"呢？"廉"意识是怎样产生的呢？"廉"范畴的基本内涵在中华文明的早期又经历了怎样的历史嬗变呢？迄今，人们对于这些问题的认识与理解尚存有较大的差异。因此，有必要通过对相关历史文献资料的梳理与辨析，对其进行"正本清源"；同时，在综合各家研究成果的基础上，对其做出一种客观而全面的解释。

一、"廉"观念的早期萌发

"廉"与"贪"是相对立而存在的一个道德范畴，它是伴随着私有观念的萌生而出现的。原始社会时期，社会生产力水平极其低下，人们完全是依照血缘关系结群而居的，大家只有依靠集体的力量，进行共同劳动，才能维持基本生活。所以，在氏族公社内部，实行的是财产公有，没有私有制、阶级和剥削，人们地位平等，平均分配劳动产品。正如《礼记·礼运》篇中所描述的那样："大道之行也，天下为公，选贤与能，讲信修睦。故人不独亲其亲，不独子其子，使老有所终，壮有所用，幼有所长，矜、寡、孤、独、废疾者皆有所养。"当时，氏族和部落首领都是通过原始民主的方式而选举产生的。譬如，尧在年老的时候，坚持要把帝位禅让给品德高尚的舜，这就充分反映了当时人们选官是非常重视其品德的。这些氏族首领们没有任何的特权，也没有任何的贪腐意识。他们不但会去广泛地听取民众们的意见，而且还常常以"夙夜惟寅，直哉惟清"（《尚书·舜典》）、"克勤于邦，克俭于家"（《尚书·大禹谟》）等"戒言""铭言"去诲人律己。如《全上古三代秦汉三国六朝文》第六卷中，就有关于黄帝教诲孙子的"诲颛顼"："爰有大圜在上，大矩在下，汝能法之，为民父母。"在《尧戒》中，也记录下了尧的劝诫："战战栗栗，日慎一日，人莫蹟于山，而蹟于蛭。"（《淮南子·人间训》）这也表明，当时的氏族首领们是有着强烈的原始"公仆意识"的。从某种意义上说，这些"戒言""铭言"，既是中国古代"廉"范畴开始萌芽的重要标志，也是孕育后世"廉德"思想的最初胚胎。

可是，到了原始社会末期，随着生产力的不断发展，个体家庭和个人生产能力都有了较大的提高，社会分工和交换也日渐扩大，社会产品开始出现了剩余，私有观念也便随之而产生。可以说，私有制的出现，极大地触动了人类内心的贪欲，贪污受贿现象也由此开始滋生蔓延。在这一时期，一些氏族或部落首领利用他们自身所处的便利条件，开始损公肥私，把本来属于公共的财产据为己有。为此，社会上开始出现了专门用以惩治贪腐的刑罚。《尚书·尧典》篇中有："象以典刑，流宥五刑，鞭作官刑，扑作教刑，金作赎刑。"[1]意思是说，舜在器物上刻画出五种常用的刑罚，其中包括用鞭打作为官府的刑罚。清代学者孙星衍先生将"鞭作官刑"解释为"在官有禄者，过则加之鞭笞"。也就是说，居官食禄之人，如果犯了过错，那就要受到鞭笞之刑。这说明，早在尧舜时期，为官者就必须要遵守一定的为官从政行为准则，否则就会受到鞭笞的惩处。

如果说私有制的产生为贪贿的出现提供了某种制度上的前提，那么国家的出现则为贪贿的滋生与蔓延打开了方便之门，甚至是提供了某种政治上的保障。国家建立，社会上必然会产生一大批握有公共权力的官员。他们既可以运用手中的权力来维持社会秩序、组织和发展社会生产，也可能会运用手中的权力为个人谋取私利。英国历史学家约翰·阿克顿就说："绝对的权力必然产生绝对的腐败。"那么，在各种制度和监督尚不健全的上古时期，那些手握很大权力的各级官吏自然就极易发生贪腐。

约公元前21世纪，中国社会进入奴隶制时

1 / 江灏、钱宗武:《今古文尚书全译》，贵州人民出版社2009年版，第14页。

期。夏朝的建立，标志着中国迈入文明时代的门槛。不过，国家的建立也给为政者们的骄奢淫逸提供了某种可能或便利条件。夏朝的第三任统治者太康即位以后，就已经完全丧失了夏启以来克勤克俭的政风，生活荒淫，朝政松弛。有穷氏首领后羿"恃其射也，不修民事而淫于原兽"，由此而引发了"寒浞之乱"。夏王中康时期，也发生了"沈乱于酒，畔官离次，俶扰天纪，遐弃厥司"（《尚书·胤征》）之事，专门负责观察天象的羲和后人，因为擅离职守，没有观察到日食的发生，结果导致了人们的恐慌不安。所以，面对屡屡发生的贪腐现象，夏代的统治者们开始注意到必须要制定惩治贪腐的刑罚，以此来稳固其统治地位。在《左传》所引的《夏书》中，就有惩办违规官员的"昏、墨、贼、杀"之法律条文。春秋时期的晋国大夫叔向对此法律条文进行了具体解释："己恶而掠美为昏，贪以败官为墨，杀人不忌为贼。"这里的"墨"，就是贪得无厌、败坏官位的意思。这说明，"贪"在当时已经发展成为一个较为严重的政治与社会问题了，如果不加注意惩治贪墨的话，那就不能维持社会的正常秩序。从某种意义上说，这也说明当时的人们已经具有了一定的"廉耻"意识了。

殷商继夏而起，从维护统治者自身的利益出发，他们逐渐提出了重民、用德的"清廉"观念。商汤从"桀不务德"而致夏亡的历史教训中深刻地认识到必须要"重民"。他说"人视水见形，视民知治不"，要求方国诸侯"毋不有功于民，勤力遒事"，也就是要为民建功，在自己的岗位上勤勉做事。（《史记·殷本纪》）对于任用什么样的人的问题,殷商的统治者们也屡有言论涉及。如盘庚曾对臣子的赏罚任免提出的一个主要标准就是,视其是否对于治国益民有利,尤其是他提出的无论亲疏皆罚罪赏善的原则,这可以说就是后来"任人唯贤"人才思想的最早源头。此外,殷商时期还专门制定了一些惩治官吏方面的刑罚措施。如《尚书·伊训》篇中就有商汤"制官刑,儆于有位"。意思是说,商汤制定了一些惩治官吏的刑法,以此来警诫百官。其中,伊尹还引述了成汤的话说:"敢有恒舞于宫,酣歌于室,时谓巫风;敢有殉于货色,恒于游畋,时谓淫风。敢有侮圣言,逆忠直,远耆德,比顽童,时谓乱风。惟兹三风十愆,卿士有一于身,家必丧;邦君有一于身,国必亡。臣下不匡,其刑墨,具训于蒙士。"[1] 可见,他不仅深刻指出"三风十愆"的严重危害,而且还告诫太甲要注意从中吸取教训。尽管如此,政权传到商纣王时,政治已经腐败至极,最终导致了商朝的灭亡。

总起来看,随着国家机构的日渐增多,官员队伍的不断壮大,客观上要求夏商的统治者们不得不去关注和深刻思考如何有效治理贪腐问题。由此,人们也就初步产生了关于廉洁从政方面的一些思想主张与基本实践。但是,由于受到当时天命神权统治思想的影响,使得这些尚处于萌芽状态中的廉政思想都带有明显的宗教神权色彩,未能从根本上阻挡因专制权力而内生腐败的必然趋势,最终导致了夏商王朝走向了历史的终结。

[1] 江灏、钱宗武:《今古文尚书全译》,第97页。

二、"廉"字的词源学解析

"廉"作为一种思想意识与实践活动,虽然在文字产生以前的原始社会末期就已经萌芽了,但是"廉"字的出现却是相对较晚。从现有的相关古文字资料来看,甲骨文和金文中尚未释读出"廉"字,而最早出现的"廉"字是篆体的,见于《睡虎地秦墓竹简》中。1 秦简《为吏之道》中就说:"吏有五善:一曰中(忠)信敬上,二曰精(清)廉毋谤,三曰举事审当,四曰喜为善行,五曰龚(恭)敬多让。五者毕至,必有大赏。"2

我们看到,在《汉语大字典》中,关于"廉"字的解释多达十八个义项,如"正直""不贪墨""节俭""不苟取""清白高洁""收敛自约""品行端方有志节"等。《辞海》(上海辞书出版社,1989年版)中关于"廉"字的解释也有"堂屋的侧边""棱角""廉洁不贪""便宜、价钱低"和"考察、查访"五个义项。《现代汉语词典》(商务印书馆,1990版)中关于"廉"则有"廉洁、清廉"和"便宜、低廉"两种解释。所以,综合各类辞书之解释,可以看出"廉"字之基本涵义主要包括了其本义与引申义两大义项多个方面的内容。

许慎《说文解字》中说:"廉,仄也,从广,兼声。"从词源学的角度来看,"廉"是一个形声字,即形符为"广",声符为"兼"。我

---

1 / 杨昶:《"廉"德探源及古代廉吏标准》,《华中师范大学学报》(哲社版),1996年第4期。

2 / 张希清、王秀梅:《官典》,吉林人民出版社1998年版,第215—216页。

们知道，在中国的汉字体系中，"广"部多是代表建筑物的形符，如府、庭、庐、庙、店、库等，均是与建筑物有关。由此看来，"廉"字的本义也应该是与建筑物相关联的。在《仪礼·乡饮酒礼》中就有"设席于堂廉，东上"。郑玄对此注之曰："侧边曰'廉'。"段玉裁《说文解字注》中也说："堂之边曰'廉'。"徐灏《说文解字注笺》中也说："'厂'谓侧边也。"可见，"廉"字的本义应该是指堂屋的侧边。此外，《礼记·丧大记》中也有，"卿大夫即位于堂廉楹西"。这里的"廉"字，也是侧边、侧隅之意。

堂廉之石平正而修洁又棱角峭利。所以，据此人们多用"廉"来比喻人有"清正""洁净"等高洁的行为。如《韩非子·五蠹》篇中就有，"今兄弟被侵，必攻者，廉也；知友被辱，随仇者，贞也。廉贞之行成，而君上之法犯矣"。这里的"廉"，表示的就是"方正的品德"的意思。段玉裁《说文解字注》中就说："廉，隅也；又曰廉，棱也。引申之为清也、俭也、严利也。"

"廉"从兼声，而从"兼"为声符的字，多表示为"狭窄"之义。如"谦"字，其义就是"减损、不足"；"嗛"字的意思是"食不满"；"嫌"字的意思是"不足、不满"；"慊"字的意思是"不满足、遗憾"等。可见，"兼"声字多有"小""少"等义。"廉"字含有"兼"符，在古汉语中"廉"字有时也会表示"少"的意思。如韩愈在《晚雨》一诗中就写道："廉纤晚雨不能晴，池岸草间蚯蚓鸣。投竿跨马蹋归路，才到城门打鼓声。"此外，黄庭坚在《次韵赏梅》中也有"微风拂掠生春思，小雨廉纤洗暗妆"

的诗句。这两首诗里的"廉纤",就是"细微"的意思。

在自然世界的"缺少""不足""浅水"等含义的基础上,将其引申到人类的行为领域,多指"少拿""浅取""不多得""不贪婪"等廉洁之义。如《逸周书·命训》中就说:"抚之以惠,和之以均,敛之以哀,娱之以乐。"东汉的刘熙《释名·释言语》中说:"廉,敛也,自检敛也。"这里的"敛"字,指的就是"约束""节制""减少""不足"之义。当然,约束、节制、减少的结果就是廉洁。梁代的顾野王在《玉篇·广部》中也说:"廉,清也。"

此外,与"廉"范畴相对的就是"贪"。在古代思想家那里,"贪"表示的就是"妄取""苟得";而"廉"表示的就是"不妄取""不苟得"。在《楚辞·招魂》"朕幼清以廉洁兮"的诗句中,首次出现"廉洁"一词。王逸对此注之说:"不受曰廉,不污曰洁。"这里的"受"就是"妄取"的意思,也就是"贪"。所以,综合上述相关文献资料,大致可知,"廉"之本义为"侧边""棱角",后来引申为"清廉""俭朴""收敛"的意思。

三、"廉"涵义的历史嬗变

从历史发展的角度看,"廉"范畴的基本内涵在早期的发展过程中,经历了由道德之"廉"到为政之"廉"的历史嬗变。"廉"既指的是一个具体的道德德目,表示人们在做人做事方面所必须恪守的一种道德操守;也指的是一种治国理政的思想,表示为官从政者在施政过程中所要达到的一种为政目标期许。

"廉"作为中国古代最为重要的伦理道德规范之一,最早表示的是人应该具有的一种重要美德。在《尚书·皋陶谟》中,就已提到"廉"德。皋陶是舜时期的一位大臣,掌管刑法狱讼。有一次,他在和禹的对话中,就明确提出了检验一个人的行为有九种美德:"宽而栗,柔而立,愿而恭,乱而敬,扰而毅,直而温,简而廉,刚而塞,强而义。"[1]在皋陶看来,人应该要有:宽宏大量却又谨小慎微,性格温和却又独立不移,老实忠厚却又严肃庄重,富有才干却又办事认真,柔和驯服却又刚毅果敢,为人耿直却又待人和气,志向远大却又注重小节,刚正不阿却又实事求是,坚强不屈却又符合道义这九种美德。这里提到的"简而廉",其中的"廉"字,就有"廉隅"的意思,指的是一个人的性格或行为不苟。

商朝末年,纣王无道,搜刮无度,"厚赋税以实鹿台之钱,而盈钜桥之粟"(《史记·殷本纪》)。夏末桀亡的历史悲剧再次上演,牧野倒戈,武王克商。公元前11世纪,代商而起的西周成为中国历史上的第三个奴隶制王朝。以周公为代表的周初统治者们,目睹了商纣王因贪图安逸而导致亡国的事实,所以他们积极总结商朝灭亡的历史教训。周人逐渐认识到"惟命不于常"(《尚书·康诰》),认为上天所赐予的"大命"并不是固定不变的。《诗经·文王》中就将其概括为"天命靡常"。那么,面对这种变换不止的"靡常"天

[1] 江灏、钱宗武:《今古文尚书全译》,第34页。

命,如何才能让其不再转移,永远普照着周原大地,始终眷顾着周人的后世子孙呢?至此,周初的统治者们逐渐感悟到:避免天命转移的关键在于要做到"敬德""保民"。

《尚书·蔡仲之命》说:"皇天无亲,惟德是辅。"意思是说,上天不会刻意去亲近谁,只是辅佑贤德之人。换言之,统治者只要能够以德服民,那他就会得到上天的眷顾。所以,在周人那里,"德"是一个重要的综合概念,包括了个人修养、行政和政策等多方面的内涵。可以说,一切美好的东西都包含在了周人所强调的"德"之中。召公就曾告诫周成王说,夏商灭亡是因"不敬厥德,乃早坠厥命"(《尚书·召诰》),周代的先王们"亦既用明德",才会出现周代商兴。所以,《尚书·召诰》中就说,"王敬作所,不可不敬德",强调大王要认真做事,不可以不认真行德。只有依据道德来行事,这样才能求得天命的长久。统治者如何才能做到"敬德"呢?具体来说,统治者在施政过程中要努力做到"宜民宜人",也就是要"保民"。在《尚书·康诰》中,周公就反复地告诫康叔要"用保乂民""用康保民",这里的"保"就是"养"的意思。在《尚书·梓材》中,周公对康叔又训诫道:"欲至于万年,惟王子子孙孙永保民。"[1] 保民即养民,"民惟邦本,本固邦宁",只有"保民",才能"王天下"。可以说,"敬德"与"保民"二者之间是紧密联系、相辅相成的。"敬德"是"保民"的基础,"保民"是"敬德"的目的之一。[2] "敬德保民"是

1 / 江灏、钱宗武:《今古文尚书全译》,第237页。

2 / 李小红、张如安:《中国古代廉政思想简史》,中国方正出版社2011年版,第11页。

周朝统治者们的廉德思想的基本内核，也是治国理念中由神治到德治的重大转折。

"民无常心，惟惠之怀。"（《尚书·蔡仲之命》）当然，要实现"保民""养民"之目标，还必须要有赖于统治者实行"宜民宜人"的具体措施，即统治者应该要努力做到："慎罚""任贤"和"勤政"。

"罚"与"德"是相对的一组概念，都是治理国家时应该要使用的重要手段。在治国理政中，"德"是根本，"罚"是补充。鉴于殷商滥用刑罚而招致民怨民叛的深刻历史教训，周代的统治者们提出了"慎罚"思想。一方面，要依据"常典""正刑"来用刑。法律是由上古先民的习惯、习俗演变而来的。在正式的成文法出现以前，法律主要是以习惯法的形式而存在着。这样一来，法律的解释就带有很大的随意性，其弊病是不言而喻的。慎罚，首先要实现的就是法律的制度化、规范化。西周初年出现"洪范九畴"，也就是治理国家必须要遵循的九条大法。到穆王时期，吕侯为相，又作《吕刑》，这是我国现存最早的、较为系统的一部刑法专著。《吕刑》中说："两造具备，师听五辞。五辞简孚，正于五刑。五刑不简，正于五罚；五罚不服，正于五过。"[1]这清楚地说明了案件审判的基本流程。法官先要审查"五刑"的条文，如果罪行可信且符合"五刑"的条文，就要用"五刑"来惩罚；如若不符合，那就用"五罚"来惩治；如果"五罚"惩治而不可从，那就用"五过"来惩治。此外，《周礼·秋官》中还提到了"以五声听狱讼，求

[1] 江灏、钱宗武：《今古文尚书全译》，第351页。

民情:一曰辞听,二曰色听,三曰气听,四曰耳听,五曰目听"。这里所说的"辞听"就是听当事人陈述是否有条理,"色听"就是观察当事人的表情是否紧张,"气听"就是听当事人陈述时的呼吸是否平缓,"耳听"就是观察当事人的听觉反应是否正常,"目听"就是观察当事人的眼睛是否直视。这些材料充分体现了周代用刑上的谨慎性、程序性和公正性。另一方面,以善用刑,以德施刑,即要依据违法犯罪者的动机来量刑。《尚书·康诰》曰:"人有小罪,非眚,乃惟终自作不典;式尔,有厥罪小,乃不可不杀。乃有大罪,非终,乃惟眚灾:适尔,既道极厥辜,时乃不可杀。"[1] 意思是说,一个人尽管犯了小罪,但是有意而为且不肯悔改,这样的人必须把他杀掉;相反,一个人即使犯了大罪,但非故意为之且已经悔改,这样的人便可从轻处罚。要多用些时间审理案件,切勿匆忙判决。《尚书·康诰》中还说:"要囚,服念五六日,至于旬时,丕蔽要囚。"意思是说:对于监禁犯人的事情,必须认真考虑五六天,甚至十天时间再断定它,以免出现差错。

任人是否得当关乎"敬德慎罚"的施政原则能否顺利实现。《尚书·君奭》中周公对召公说:"成汤既受命,时则有若伊尹,格于皇天。在太甲,时则有若保衡。在太戊,时则有若伊陟、臣扈,格于上帝;巫咸乂王家。在祖乙,时则有若巫贤。在武丁,时则有若甘盘。率惟兹有陈,保乂有殷,故殷礼陟配天,多历年所。"[2] 成汤建商靠伊尹的辅佐,太甲有保衡,

---

[1] 江灏、钱宗武:《今古文尚书全译》,第220页。

[2] 江灏、钱宗武:《今古文尚书全译》,第276页。

太戊有伊陟、臣扈，祖乙有巫贤，武丁有甘盘相助。商代延续许多代，主要得益于有贤人的辅助。周公从历史发展中总结出"爽邦由哲"（《尚书·大诰》）的道理。也就是说，要实现国家的清正廉明，统治者必须要任用贤明之人。《史记·鲁周公世家》中说："然我一沐三捉发，一饭三吐哺，起以待士，犹恐失天下之贤人。"[1]这段材料生动地描述了周公求贤若渴之状，洗一次头、吃一顿饭都要停顿三次。此外，周公还在《逸周书·官人》篇中提出了以"观诚""考言""视声""观色""观隐""揆德"为内容的"观人六征法"。难能可贵的是，周公在"观人六征"中，首次提出"廉"的概念。如在论"观诚"时说，"其壮者，观其廉洁务行而胜私""省其交友，观其任廉""临之以利，以观其不贪"；在论"观隐"时说，"有隐于廉勇者"；在论"揆德"时说，"直方而不毁，廉洁而不戾，强立而无私，曰有经者也"等。周公对为官当廉的这些论述尽管并不完备，但却为鉴别与考察人才以期知人善任而做的系统性总结，也为后世中国以廉洁为官员的操守美德开创先河。

治国安邦尤需执政者勤于政事。商朝末年，统治者"惟荒腆于酒"，最终酿成亡国的惨剧。以殷为鉴，周朝的统治者们"小心翼翼""如临深渊，如履薄冰"，在政务上不敢有丝毫的懈怠。周公在《尚书·无逸》篇中就反复劝诫统治者说，"君子所，其无逸"，不要只是去贪图安逸，而应该勤勉地工作，要了解百姓的疾苦，要知道

1 / 司马迁：《史记》，中华书局2009年版，第206页。

稼穑之艰难；反对那些"生则逸，不知稼穑之艰难，不闻小人之劳，惟耽乐之从"的做法。此外，为了督促为政者勤勉为政，还必须要辅之以全面的考核。在《周礼·天官》中就说："以听官府之六计，弊群吏之治，一曰廉善，二曰廉能，三曰廉敬，四曰廉正，五曰廉法，六曰廉辨。"[1]"善、能、敬、正、法、辨"这六个方面虽然是对官吏进行考核、记其功过的六条标准，但前面均冠之一个"廉"字，充分体现出了"廉"在官吏考核中的重要地位。同时，将"廉"从狭义的范畴抽象出来，赋予其更为丰富而深刻的含义。如果为官者能够做到这六个方面的基本要求，那么这样的官吏便可称之为"廉吏"了。在行政治事方面，为官者们若能够做到这六个方面的要求，那这样的行政便可称之为"廉政"了。在整个中国封建社会各个不同的历史阶段里，对官吏优劣的评判标准虽有所差异，但基本上都没有超出《周礼》"六廉"所规定的范畴。

总起来说，西周时期的统治者们已经高度重视"廉"德。明代的王文禄就曾评论道："成周重廉也！"（《廉矩·试廉精别章》）同时，西周时期"廉"范畴的内涵也进一步丰富，尤其是《周礼》"六廉"的提出，已使"廉"范畴由个人道德修养的观念范畴上升为官员从政的行为准则范畴，是"廉"由伦理范畴向政治范畴嬗变的重要标志。

---

1 / 孙诒让:《周礼正义》，中华书局1987年版，第113页。

第二章
百家争鸣中的"共鸣"

前770年，周平王东迁洛邑，开启了中国历史上的一个崭新的时代——春秋战国。春秋战国是中国历史上的社会大变革时代，铁器和牛耕的广泛使用，极大地促进了社会生产力的发展，使得整个社会的物质财富日渐丰裕。相比之下，周王室的权力却是日渐式微，逐渐失去了对天下掌控的能力，进而导致了"礼乐征伐自诸侯出"的局面出现。此时，地方上的各路诸侯也展开了激烈的争霸战争。在春秋时代的三百年间，"弑君三十六，亡国五十二，诸侯奔走不得保其社稷者不可胜数"（《史记·太史公自序》）。统治阶级骄奢淫逸现象也颇为严重，诸侯国因贪贿而导致亡国的事例屡见不鲜。如虞国国君因贪恋晋献公派人送来的价值连城的美玉和宝马，就同意晋国借道虞国去攻打虢国，唇亡则齿寒，结果导致了虞国最终的灭亡。吴王夫差也因贪图越国送来的贿赂，养虎而遗患，最终致使越兴代吴。

政治和经济领域的剧烈变动，给当时社会的各个阶级、阶层的思想解放带来了空前的动力，进而出现了文化上的"百家争鸣"

局面。可以说,在当时"政以贿成"的社会背景下,儒、道、法、墨等诸子各家纷纷登上历史舞台,从自身所代表的阶级利益出发,积极阐发他们各自的社会政治主张。司马谈《论六家之要旨》中就说:"夫阴阳、儒、墨、名、法、道德,此务为治者也。直所从言之异路,有省不省耳。"这说明,各派学说的主旨就是为统治阶级"治国""治民"服务的。同时,基于"救时之弊"的目的,他们也从不同的角度都对"廉"范畴进行了阐释,提出了自己的廉政主张。先秦诸子各家尽管对"廉"范畴的理解与阐释存在着一定的差异,但是综合起来看,其共同之处也是非常明显的,形成了百家争鸣中的"共鸣"局面。

一、儒家思想中的"廉"范畴

春秋战国时期,"廉"范畴已发展成为一个成熟的伦理学意义上的道德概念,表示为一种操守行为。先秦儒家思想的主要代表人物孔子、孟子、荀子等,在阐发仁、义、礼、智、信等具体的道德德目时,也都对"廉"这一重要伦理范畴进行了具体地阐释。

1. 欲而不贪:孔子的清廉思想

孔子(前551—前479)是中国古代著名的思想家、教育家,儒家学派的创始人,被后世尊奉为"大成至圣先师"。孔子的思想学说对塑造华夏儿女的文化心理结构和国民性格起到了非常重要的作用。我们看到，孔子在阐释他的基本政治、哲学和伦理思想主张的同时，也提出了"欲而不贪"的清廉思想。

在《论语》中，"廉"字仅出现过一次。"古之矜也廉，今之矜也忿戾。"（《论语·阳货》）意思是说，古代矜持之人棱角太锋利而使人不能触犯，现在的矜持之人却蛮横无理。此处的"廉"字，主要是取其本义，即器物的棱角。孔子虽然很少用"廉"字来直白道德操守，但是他更多的时候是用"欲""耻""俭"等道德德目来表达自己的清廉主张。

那么，在孔子看来，什么是"廉"呢？简言之，"廉"就是"欲而不贪"。在《论语·尧曰》篇中就记有，子张向孔子请教如何才能处理好政事的时候，孔子回答说，要想处理好政事，就应该要尊崇五种美德，摒弃四种恶政。子张又继续请教老师，应该尊崇哪五种美德呢？孔子回答说："君子惠而不费，劳而不怨，欲而不贪，泰而不骄，威而不猛。"在孔子看来，君子给人民以好处，而自己却没有耗费；劳动百姓，百姓却没有怨恨；自己欲仁欲义，却不能叫作贪；安泰矜持却不骄傲，仪表威严但不凶猛。其中，这里的"欲而不贪"，强调的就是人是有欲望的，但不要太贪婪了。也就是说，统治者不能过分地贪欲，而应该要保证人民的基本生存条件。当然，这并不代表孔子反对人们有欲望、反对人们去追求富贵，而是强调欲望的满足、财富的获取都必须要通过正确的途径与方式。正如《论语·里仁》篇中所说："富与贵，是人之所欲也；不以其道得之，不处也。贫与贱，是人之所恶也；

不以其道得之，不去也。"财富和高位，人人都想拥有，但必须以合乎仁道的方式获取为前提。此外，《孔子家语·辩政》篇中也说："治官莫若平，临财莫如廉。廉平之守，不可改也。"[1] 意思是说，管理官吏最重要的是公平，身临财物最重要的是廉洁。坚持廉洁公平的操守，是不能更改的。不难看出，孔子认为"廉"是为官者对待钱财时所持的一种正确态度，是检验为官者行为的重要绳矩。

此外，孔子还认为要实现廉洁从政，还必须要"知耻"。"耻"字最早见于金文中，出现于殷商时期镌刻在青铜器上的铭文中。"耻"字由两部分组成，左边是"耳"，右边是"心"。许慎《说文解字》中就说："耻，辱也，从心耳声。"可以说，"耻"表示的是人们受到侮辱后而产生的一种情感与感受，这种侮辱是人们用耳朵听到的，用心感受到的。当然，耻辱现象是随着社会不平等现象的出现而产生的。孔子是非常重视"耻"的。台湾学者朱岑楼先生就指出，《论语》中有着强烈的耻辱取向，全书共四百九十八章，其中有五十八章是与"耻"有关的，直接使用"耻"或"耻辱"的地方有十一处。孔子对"耻"的强调，具体表现在：

在为政方面，孔子强调为官从政者应该要重视"耻"的作用。《论语·为政》中说："道之以政，齐之以刑，民免而无耻；道之以德，齐之以礼，有耻且格。"[2] 孔子认为，用"政""刑"

---

[1] 王肃著，廖名春等校点：《孔子家语》，辽宁教育出版社1997年版，第39页。

[2] 李泽厚：《论语今读》，三联书店2004年版，第49页。

来管理人民，民众只求免于受罚，心中并无耻辱的感觉；用"德""礼"来治理民众，他们既有耻辱感，内心认同而归依。《论语·泰伯》中也说："邦有道，贫且贱焉，耻也；邦无道，富且贵焉，耻也。"意思是说，若在有道之邦，自己贫贱，这是可耻的；若是在无道之邦，自己富贵，也是可耻的。《论语·宪问》中说："宪问耻。子曰：'邦有道，谷；邦无道，谷，耻也。'"在孔子看来，国家政治清明，百姓安居乐业，官员拿到俸禄就是应该的；如果国家政治黑暗，民不聊生，官员们拿到俸禄就是一种耻辱。所以，为政者应该用"德"与"礼"去教育百姓，使得他们知道什么是邪恶，什么是羞耻不可为之事，停止做恶事，弃恶而从善，自觉实现"有耻且格"。

在做人方面，孔子主张为人要知耻。在他看来，一个人有无耻辱之心是至关重要的。《论语·宪问》中还说："君子耻其言而过其行。"有道德的人，以只说不做为耻，言过其实为耻。《论语·里仁》篇中说："古者言之不出，耻躬之不逮也。"古时候的人不轻易承诺，是怕自己的行为难以做到，从而使自己感到羞耻。那么，怎样才能免遭耻辱呢？《论语·学而》中说："信近于义，言可复也。恭近于礼，远耻辱也。因不失其亲，亦可宗也。"孔子认为，在与人的交往中，恭敬而有礼，那么别人也不会给你什么耻辱。每一个人都应该以温、良、恭、俭、让的态度去对待世人，这样才能得到别人的尊重。

总起来说，孔子对"耻"有深刻的认识与详细的阐释，为政者应该要树立正确的"耻"观念,要以没有治理好国家事务为耻,要以聚敛钱财为耻;当然,每一个人也都要自觉践行"行己有耻"的理念,以修养不好、品行恶劣为耻,要严格要求自己,使自己的行为端正,做到不违反法律和触动道德底线。

当然,"廉"和"耻"是中国传统道德中的两个重要范畴,它们既是相对独立的伦理规范,又是密切相关的品性规范,二者之间具有很强的同一性:廉则有耻,能廉可以知耻;反之,有耻则廉,知耻可以养廉,知耻是廉洁从政的重要前提与基础。正是由于二者间的密切联系,所以人们又时常将二者加以连用而成"廉耻"之说。

那么,怎样才能够达到"廉"的境界与目标呢?孔子认为,其根本途径就是要"律己修身"。也就是说,通过加强自身道德修养来修治自身,从而严肃认真地对待工作,并可以使天下的老百姓安居乐业。孔子认为,统治者的道德像风,老百姓的道德像草,统治者注重自身的道德修养,以身作则,治理国家就会像风吹草一样顺利。为官者只有自己先端正自身,别人才会真心服从,为政也就不会有什么困难了。如果自身不正,别人也不会真心服从。所以,孔子认为要成为清正廉洁之人,立其德、正其身是必要的前提条件。为此,他一方面告诫人们要"博学于文,约之以礼"(《论语·雍也》),广泛地学习知识,用礼来约束自己;另一方面又要有意识地"见贤思齐焉,见不贤而内自省也"(《论语·里仁》)、"择其善者而从之,其不善者而改之"(《论语·述而》)。通过这两方面的努力,来提高个人的道德修养,努力把自己培养成一位具有"仁"的内在品质的人。

"俭"是中华民族的重要传统美德之一,"倡俭黜奢"的思想历来为人们所重视。早在西周建立初年,鉴于夏桀和商纣王因骄奢淫逸而终致国亡的深刻教训,周公旦就告诫年幼的成王不要贪图安逸,否则会败家亡国。孔子也提出了量入为出的俭用思想。《论语·学而》篇中有:"子贡曰:'夫子温、良、恭、俭、让以得之。夫子之求之也,其诸异乎人之求之与?'"子贡用"温、良、恭、俭、让"来回答子禽的疑问,"俭德"作为"五德"之一,正是孔子所倡导的基本社会道德。《论语·子罕》篇中说:"麻冕,礼也;今也纯,俭,吾从众。"用麻做礼帽,是举行冠礼时戴的,这是符合礼仪的。但是,这种帽子做起来费工费时,如果用丝做起来,则容易编织成,省时省工。出于节俭的考虑,孔子服从用丝织成的做法。此外,在《论语·八佾》篇中也有:"与其奢也,宁俭。"《论语·述而》篇中有:"奢则不孙,俭则固。与其不孙也,宁固。"孔子不但自己保持着艰苦朴素的生活作风,而且还在弟子中提倡这一俭朴的生活作风。孔子对子路不嫉妒、不贪求量入为出的艰苦朴素作风给予了高度的评价。他说:"衣敝缊袍,与衣狐貉者立,而不耻者,其由也与?"(《论语·子罕》)当然,孔子也并不主张衣服穿得越破越好,而是要根据自己的实际情况,做到衣服整洁,举止端正,"出门如见大宾"一样才好。可以说,孔子论"俭",具有双重的含义,他既强调了"俭"的经济价值意义,又强调"俭"的道德伦理意义。

此外，孔子还强调要约束、节制自己的欲望。《论语·里仁》篇中说："富与贵，是人之所欲也；不以其道得之，不处也。"孔子认为，富贵与高位是人人都想拥有的，不用合乎仁道的方式来拥有，君子是不会接受的。《论语·述而》篇中也说："不义而富且贵，于我如浮云。"可见，孔子一方面承认人欲的合理性，另一方面又主张要以礼义来规范人欲，把人欲规范在合理的限度之内，在实践中做到"欲而不贪"。所以，孔子对自己的学生颜回能够坚守安贫乐道的精神就大加赞赏。他认为，颜回住在简陋的小巷子中，吃的饭食非常简单，别人都忍受不了这种穷困清苦的生活，颜回却是乐在其中，没有因此而改变他好学的志趣，这种品质实在是太高尚了。孔子还主张"君子食无求饱，居无求安，敏于事而慎于言，就有道而正焉"（《论语·学而》），认为君子不宜追求和贪图物质享受，应好学善道。这些言语都说明，孔子反对贪欲，提倡清廉，重视追求精神上富足。当然，对于那些贪恋美色、沉湎淫欲之人，孔子向来是鄙视的。他在鲁国担任大司寇期间，鲁国的国君喜欢淫歌妖舞，终日沉迷于酒色淫乐之中，不问政事。在多次劝谏无效之下，孔子决定离开鲁国，开始了颠沛流离的周游列国之行。

2. 节欲知耻：孟子的清廉思想

孟子（前372—前289）是受教于孔子之孙子思的门人，曾游学于齐国稷下。他继承和发展了孔子的仁学思想，成为儒家学派中地位仅次于孔子的代表人物，被后世尊称为"亚圣"。孟子在系统整理孔子"仁政"和"德行"学说的基础上，对"廉"的思想做了进一步阐发。他不仅直接用"廉"来表示人的一种道德操守，而且还对"廉"的基本涵义进行了明确回答，对如何养成清正廉洁之目标进行了创造性地阐述。

什么是"廉"呢？《孟子·离娄下》篇中解释说："可以取，可以无取，取伤廉。"这里的"取"，就是"妄取"的意思。在孟子看来，"廉"就是不取身外之物，不贪不义之财。否则，那就会伤害到"廉"的本性。《孟子·万章下》篇中也说："故闻伯夷之风者，顽夫廉，懦夫有立志。"这里的"廉"，即为廉洁之意。当然，在孟子看来，"廉"绝对不是那种放弃国家与家庭的双重责任而不顾的一种狭隘的个人洁癖，而必须是兼顾道德责任与人伦义务的完全担当。[1]《孟子·滕文公下》篇中，有这样一段关于孟子与匡章的对话：

> 匡章曰："陈仲子岂不诚廉士哉？居於陵，三日不食，耳无闻，目无见也。井上有李，螬食实者过半矣，匍匐往将食之，三咽，然后耳有闻、目有见。"孟子曰："於齐国之士，吾必以仲子为巨擘焉。虽然，仲子恶能廉？充仲子之操，则蚓而后可者也。夫蚓，上食槁壤，下饮黄泉。仲子所居之室，伯夷之所筑与？抑亦盗跖之所筑

---

[1] 周云芳：《"廉"与古代官德》，《山西农业大学学报》，2012年第8期。

与?所食之粟,伯夷之所树与?抑亦盗跖之所树与?是未可知也。"[1]

从这一段材料中我们不难看出,孟子承认尽管陈仲子是齐国中的佼佼者,但他算不上是真正的廉洁之士。因为他所行的那种"义",仅是抛弃一筐饭、一碗汤的"小义"而已;相比于避兄离母、无亲戚君臣上下的伯夷之"大义"而言,实在是微不足道的。所以,孟子认为像贤人伯夷那样"目不视恶色,耳不听恶声。非其君不事,非其民不使。治则进,乱则退。横政之所出,横民之所止,不忍居也"[2],才能算得上是真正的廉洁之士。

"廉"是做人必备的品格,也是为官从政者必须恪守的基本道德之一。孟子对为政者暴敛贪利的行为给予了猛烈谴责。他认为,当官的人家中的厨房里有皮薄膘肥的肉、马厩里有健壮的马,老百姓却面带饥色,野外有饿死的尸体,这实际上是在上位的人率兽而食人,不应该做老百姓的父母官。他还说:"是以惟仁者宜在高位。不仁而在高位,是播其恶于众也。上无道揆也,下无法守也。"(《孟子·离娄上》)在孟子看来,只有道德高尚的清廉之人才能配得上担任统治者;如果让品行不端的人在高位,那只能会导致社会的无序与混乱。所以,为政者必须要重视道德修养,做到清正廉洁。

那么,人们如何才能做到"清正廉洁"呢?在孟子看来,人必须要节制欲望、清心寡

---

[1] 杨伯峻:《孟子译注》,中华书局2010年版,第145页。

[2] 杨伯峻:《孟子译注》,第214页。

欲。《孟子·尽心下》中说："养心莫善于寡欲。其为人也寡欲，虽有不存焉者，寡矣；其为人也多欲，虽有存焉者，寡矣。"[1]孟子认为，修养人们的心性，最好方法就是减少对物质的欲望。如果人的欲望很多，那他所保存的善性自然就很少；反之，如果人的欲望很少，那他所保存的善性就多。所以，人必须要克制自己的欲望，确保自己内在的良知和良能不被欲望所遮蔽。当然，节制欲望、清心寡欲并不等于就要禁欲，而是对人的欲望要有所节制。《孟子·告子上》中说："生亦我所欲也，义亦我所欲也，二者不可得兼，舍生而取义者也。"可以看出，当义利发生矛盾与冲突时，孟子主张人们应该要舍弃逐利之欲，追求正义之欲，实现"存心养性"之目标。

　　孟子还认为，人要养成清廉的品格，还应该要"知耻"，要有廉耻之心。"知耻"就是有"羞恶之心"，懂得什么该做、什么不该做，这是人不同于禽兽的根本之所在。一个人如果没有羞耻之心，就不能称其为人了！所以，孟子就说，"无羞恶之心，非人也""耻之于人大矣""人不可以无耻，无耻之耻，无耻矣"。在孟子看来，"知耻"是人改过迁善的心理基础，人能知耻方能做到清廉自守；反之，一个毫无羞耻之感的人，就会无所不取、无所不为。那么，他是很难做到行为廉直、心底清白的，正所谓"鲜耻必寡廉"。历史上那些"志士不饮盗泉之水，廉者不受嗟来之食"的典故，正是"知耻而后廉"的范例。

[1] 杨伯峻：《孟子译注》，第315页。

3. 隆礼重法：荀子的养廉思想

荀子（前313—前238）是继孔子和孟子之后先秦儒家的主要代表人物。他三为稷下学宫祭酒，后出任兰陵县令，著书立说，在哲学、伦理学、政治学、经济学等方面都有很大贡献。

在孔子、孟子论"廉"的基础上，荀子对"廉"的范畴进行了更为全面的论述。在《荀子》一书中，前后有十余次用"廉"字来表示道德操守。如在《荀子·不苟》篇中，当描述君子所具有的美好德行时，荀子就提出君子"廉而不刿"的思想，认为君子是方正守节但又不尖刻伤人的。此外，荀子还首次使用了"廉耻"这一概念，把是否具有"廉耻"之心作为区别君子与小人的重要标准。如《荀子·修身》篇中，他就说："端悫顺弟，则可谓善少者矣；加好学逊敏焉，则有钧无上，可以为君子者矣。偷儒惮事，无廉耻而嗜乎饮食，则可谓恶少者矣。"[1]在荀子看来，那些品行端正、谨慎顺从兄长的年轻人，加之谦虚好学、思维敏捷，就可称得上是君子了。反之，那些苟且偷安、懒惰怕事、毫无廉耻、贪恋吃喝的年轻人，就不能称其为君子。在《荀子·荣辱》篇中，荀子还说："争饮食，无廉耻，不知是非，不辟死伤，不畏众强，悙悙然唯利饮食之见，是狗彘之勇也。"他认为，争喝抢吃，没有廉耻，不懂是非……这些是动物所表现出来的勇敢，而不是君子所具有的品质。不仅如此，荀子还坚持认为，"廉

---

1 / 张觉：《荀子译注》，上海古籍出版社2012年版，第18页。

德"也是对官员进行遴选与提拔任用的重要标准。如《荀子·君道》篇中,他就主张"贪利者退而廉节者起"。意思是说,那些贪恋财力之人是应该被黜退的,而那些廉洁奉公的人应该得到提拔。

那么,如何才能培养人们的"清廉"之心呢?荀子认为,首先需要人们做到"慎其所立",严于律己。《荀子·劝学》篇中说:"故言有召祸也,行有招辱也,君子慎其所立乎!"在荀子看来,不恰当的言行有时会招致祸害和耻辱,"君子"必须在思想上和言行上都需严格要求自己、严于律己,重视自我反省。《荀子》一书中说:"君子博学而日参省乎己,则知明而行无过矣。"(《荀子·劝学》)"见善,修然必以自存也;见不善,愀然必以自省也;善在身,介然必以自好也;不善在身,菑然必以自恶也。"(《荀子·修身》)荀子此处所说的"参省""自省",是一种自我反省,也就是在没有别人监督的情况下,人们能自觉地按照社会道德规范思考和行动,这是一种重要的自我修养方法。

其次,还需要通过外在的教化、礼制的约束和法律的惩治促使人们养成清廉之德。在人性问题上,荀子坚持"性恶说"。他认为"性"是人生来就有的一种自然本能。《荀子·性恶》篇中说:"凡性者,天之就也,不可学,不可事……不可学,不可事,而在人者,谓之性。"他还认为人的自然本性中有好利之心、耳目之欲,若不加约束限制,就会趋向恶。因此,应该施以礼乐教化,引导其向善。也就是他所说的"人之性恶,其善者伪也"(《荀子·性恶》)。这里的"伪",即"人为、人工而成"的意思。人本性是恶的，人善是后天教化的结果。如何才能"化性起伪"，教化人们"由恶趋善"呢？荀子认为既需要人的道德自觉，也需要礼义引导和法度约束。具体来说，荀子主张的是"隆礼"和"重法"。

在荀子看来，"礼"是治国安民之本，"人无礼则不生，事无礼则不成，国无礼不宁"（《荀子·修身》）。人生来就有各种欲望的，为了满足欲望，势必就会发生争夺、混乱。所以，必须要借用制度化的"礼"来约束人们的非分之想，使其不能有过度的贪欲。可以说，礼是个人修身、做人处世的根本，也是人之所为人而不同于动物的根本区别所在。《荀子·劝学》篇中说："为之，人也；舍之，禽兽也。"人如果失德无礼，就会沦为禽兽。所以，荀子强调说："礼者，人之所履也。"（《荀子·大略》）礼是人必须践履的，人只有学习了礼，实践了礼，才能算得上是一个真正的人、一个品行高洁的人。当然，学礼是一个长期不懈的过程，必须要持之以恒，积微才能成著、积小才能成大。

荀子强调"隆礼"的同时，也特别重视"法"的作用。荀子认为，人性是恶的，在采用礼义教化无效的情况下，必须要使用刑罚加以惩治。荀子认为"法者，治之端也""隆礼至法则国有常"。他主张，要对那些服从治理的人给予保护，而对于那些不服从的人予以法律的制裁，通过法律的有效惩治，使得人们"畏法循绳"，舍弃过多的欲望而走向清正廉洁。《荀子·王制》篇中还提出："听政之大分：以善至者待之以礼，以不善至者待之以刑。"荀子告诫为官者，处理政事的要领是：对那些带着好的建议而来的人，就用礼节对待他；对那些怀着恶意而来的人，就用刑罚对待他。可以看出，荀子在礼与法的运用上，是根据情况而区别对待的。

总起来说，荀子的清廉思想以及"修身律己""隆礼重法"的廉政举措在中国廉政思想史上具有重要的地位。

二、道家学说中"廉"观念

以老子和庄子为代表的道家，是先秦诸子百家中影响颇大的一个学派，它崇尚自然，主张清静无为，反对争斗，对中国传统廉洁思想发展做出了重要贡献。

1. 廉而不刿：老子的清廉思想

老子，姓李名耳，又名老聃，春秋末期楚国人，著名的哲学家和思想家，道家学派的创始人，著有《道德经》一书。全书虽仅有五千余言，但言简意赅，极富哲理，内容广泛。

老子思想体系的核心是"道"。在老子看来，"道"是宇宙万物的本源，是一个高于自然和人类社会的理念，是一种符合自然、顺应自然的精神。统治者应该要循道而行，实行无为而治。老子提出："我无为，而民自化；我好静，而民自正；我无事，而民自富；我无欲，而民自朴。"（《老子》第五十七章）意思是说，为政者如果无为，人民就会自我化育；为政者如果好静，人民自然就会走上轨道；为政者如果不去搅扰百姓，人民就会自然富足；

为政者如果没有贪欲，人民就会自然朴实。当然，老子所主张的"无为"，并不是让人们完全无所作为，而是强调人们的作为要适度，不能违反自然之理和社会法则去恣意妄为，要乘时而动、顺势以举事。

可以说，老子"无为而治"的思想深刻地影响着他对"廉"范畴的基本认知。我们看到，尽管在《老子》一书中，"廉"字仅出现过一次，即第五十八章中"是以圣人方而不割，廉而不刿，直而不肆，光而不耀"，主张廉正而不对别人造成伤害。但是，老子对"廉"范畴还是给予了充分肯定的。他认为"廉"是一种高尚的道德操守，是一种"圣人"方能达到的崇高境界。老子的无为思想体现在廉政方面，就是要求为官者不要好大喜功、无事生非。老子的"廉而不刿"的境界，强调要讲究策略，在不违背原则的前提下，又有充分的灵活性，往往能收到良好的效果。此观点对儒家学者的思想也产生了一定影响。如《荀子·荣辱》中说"廉而不见贵者，刿也"。《荀子·法行》中也有"廉而不刿，行也"。此外，《礼记》中也说"廉而不刿，义也"。

那么，如何才能达到"清廉"的崇高境界呢？在老子看来，最基本的做法就是要"少私寡欲"，因为自私多欲对人的危害性是极大的。老子告诫人们说，"罪莫大于可欲，祸莫大于不知足，咎莫大于欲得"，否则，"金玉满堂，莫之能守"。他还认为，人们不应该去过分地追求"五音""五色""五味"等物质方面的享受，这是有害而无益的。人的物质欲望是无穷的，如若不注意自我约束,听任其恣意膨胀,那必然会自招痛苦。少私寡欲,即是强调人要减少私心、降低欲望,不要处处以自我为中心而去危害到他人,减少对物、色、权力等身外之物的贪求。老子说:"天地所以能长且久者,以其不自生,故能长生。是以圣人后其身而身先,外其身而身存。非以其无私邪?故能成其私。"(《老子》第七章)老子用天地的运作不为来比喻圣人的行为没有贪私的心念,所以圣人赢得了人们的爱戴和拥护。统治者应该效法天地成为圣人,"后其身""外其身",不把一己私欲或者利益摆在前头,不以自己的利害做优先考虑。所以,老子提出"清静为天下正",统治者应该要效法天道、轻刑薄赋、慎兵节俭、戒除奢靡、清廉为政。人们还应该要顺应自然天道,自觉做到清净无欲、少私寡欲、见素抱朴。对于为政者来说,要克制自己的欲望,应该坚持做到"去甚、去奢、去泰",减少劳民伤财。具体来说:一要"不居功",即不要自恃己能和功业而自我夸耀。他就强调说:"生而不有,为而不恃,功成而弗居。"(《老子》第二章)二要"不贪得",即人不能贪得无厌。他说:"治人事天,莫若啬。"(《老子》第五十九章)无论是治理国家,还是养护身心,爱惜精力非常重要,而贪得无厌却是耗费精力的不智之举。三要"不自满",即人不要骄傲自满,过满则溢,"夫唯不盈,故能蔽而新成"(《老子》第十五章),只有做到不自满才能去故更新。四要"勤修身",即人要勤于修身。"修之于身,其德乃真;修之于家,其德乃余;修之于乡,其德乃长;修之于邦,其德乃丰;修之于天下,其德乃普。"(《老子》第五十四章）修身，就是巩固根基，这是成就自我与处人治世的基点。

此外，老子还主张人们应该"知足知止"。老子认为，社会上纷争不断源起于人的贪念，也就是"不知足"。如果人不能做到知足，就会无限制地贪求，最终就会导致私欲膨胀。"甚爱必大费，多藏必厚亡。知足不辱，知止不殆，可以长久"（《老子》第四十四章），只有"知足"才能"不辱"，只有"知止"，才能"不殆"，"知足知止"才能长久。所以，老子说："故知足之足，常足矣。"（《老子》第四十六章）意思是说，人们懂得满足且感到心满意足，就能经常处于满足的状态。当然，老子所强调的"知足知止"，绝不是那种自我满足、不思进取，而是反映了人们对"中和""和谐"状态的不懈追求。也就是说，人既要知足知止，又要积极进取。"知足知止"，有助于人们保持内心的宁静与平衡，进而达到一种精神上的富足。否则，如果把自己的快乐与幸福建立在对物质利益的追求上，不能做到"知足知止"，必然会坠入欲望的深渊不能自拔。

"知足知止"与"少私寡欲"这两者属于同一层面上的理念，但它们所强调的侧重点是不同的。"少私寡欲"侧重于人的整体而言，"知足知止"则是强调面对更为具体的利益时而持有的一种状态。一个人要想做到清正廉洁，保持知足知止的心态当然是非常重要的。如果一个人不知道满足，无休止地去与别人进行比较，即使自己已经挣到一百万，还想着别人都有一千万，于是自己再想办法去挣到一千万。那么，他必然就会陷入一种不知足的痛苦深渊中。

总之，清净无欲、少私寡欲、见素抱朴、知足知止、无为而治等思想是老子哲学思想的重要理念，也是其清廉思想的重要内容。老子的这些廉政思想与理论，被后世的许多有思想的统治者所采用。如宋太祖赵匡胤就将"治世莫若爱民，养身莫若寡欲"作为自己的座右铭，进而对社会发展产生了重大而积极的影响。

2. 清廉自守：庄子的廉洁思想

庄子（约前369—前286），名周，字子休，战国时期宋国人，著名的思想家、哲学家，是继老子之后道家学派的又一位重要代表人物。庄子的思想涉及当时社会生活的方方面面，但根本精神还是皈依于老子的哲学。在老子"无为而治"的思想基础上，庄子主张绝对的"无为"，甚至主张取消一切制度和文化。如《庄子·胠箧》篇中就说："故绝圣弃知，大盗乃止；擿玉毁珠，小盗不起；焚符破玺，而民朴鄙；掊斗折衡，而民不争；殚残天下之圣法，而民始可与论议。"

当然，在这种绝对"无为"的思想主张影响下，庄子在"廉洁"问题上表现出了一定的矛盾性。一方面，庄子对名利和暴政进行了批判与揭露，对物欲横流、贪污腐败的社会现实深恶痛绝，反映出了他重视"清廉"意识的一面。庄子认为，那些偷窃带钩的人就要遭到刑杀，而那些盗窃国家的人反倒成了诸侯。另一方面，庄子又反对孝、悌、仁、义、忠、信、贞、廉等"美德"。如在《庄子·天运》篇中，庄子就指出这些仁、义、忠、信等"美德"，从根本上来说都是用来勉励自己而劳苦人性的，是根本不足以标举的。此外，在《庄子·盗跖》篇中，他还说："廉贪之实，非以迫外也，反监之度。"意思是说，"廉"只不过是一种保证自己不侵犯别人利益的品德和行为而已。因此，庄子强调说，人应该要依道而行，舍弃尊贵的爵位、富足的财货和显荣的名誉。

尽管如此，庄子对"廉"范畴还是进行了颇多阐发的。关于"廉"的基本涵义问题，庄子在《庄子·让王》篇中就做出了明确的回答。他说："人犯其难，我享其利，非廉也。"意思是说，为了自己的享受而让别人遭受痛苦，这是违背"廉"的要求的。所以，在庄子看来，"廉"就是"不贪"，也就是一种求己之利而不损人之利的行为。在现实社会中，统治阶级的奢靡腐化正是建立在对人民的巧取豪夺基础之上的，故而庄子指出"窃钩者诛，窃国者为诸侯"。在庄子看来，统治阶级是窃国之大盗，他们打着"仁义"之旗号行欺骗、压迫、残害人民之事。庄子对统治阶级暴政无道的揭露与批判充分反映了他的清廉意识。

那么，人们如何才能养成"清廉"的意识呢？庄子认为，"廉"德之养成并非是由外力迫使所导致的，恰恰是自身内在不断修养的结果。在这一点上，与儒家的思想主张有很大的相似性。"吾生也有涯，而知也无涯"，人的生命是有限的，而人的欲望是无限的；以有限的生命追求无穷的欲望，必然会使得人精疲力竭。所以，庄子主张要修身养性、清静无为。庄子认为人必须要重视自身的德性修养，只有德性充足，生命才会自然流露出一种自足的精神力量；为政者必须要做到清廉自守，为政以德。在《庄子·齐物论》中，他说："夫大道不称，大辩不言，大仁不仁，大廉不嗛，大勇不忮。道昭而不道，言辨而不及，仁常而不成，廉清而不信，勇忮而不成。"可以看出，庄子强调的是人应该要摒弃人性中那些"伪"的杂质，顺从天道，实现与天地的相通。

庄子还主张要淡泊名利。有一次，楚威王听说庄子才学甚高，派使者带着厚礼前去聘请庄子出任相国。庄子却对使者说，千金是重利，卿相是尊位。可是，你就没看见祭祀用的牛吗？喂养它好几年，然后再给它披上有花纹的锦绣，牵到太庙去充当祭品。到了这个时候，它就想当个小猪，免受宰割，也办不到了。我宁愿像乌龟一样在池塘自寻快乐，也不受国君的约束。我一辈子不做官，让我永远自由快乐。可见，庄子追求的是淡泊名利、洁身自好、超然通达的思想境界。他注重从平凡上见功夫，力求不平凡，以"扶摇直上九万里"的心态，在自己的天地里享受闲适，让心灵进入自由、快乐的状态，不慕富贵、不求功名。

总之，道家所倡导的崇俭抑奢、恬淡寡欲、清静无为思想，对先秦时期"廉"意识的发展起到了积极的推动作用。

三、法家论"廉"

法家是春秋战国时期的一个重要思想流派,其代表人物主要有春秋时期的管仲和子产,战国时期的李悝、吴起和商鞅等人,而韩非子则是法家思想的集大成者。面对春秋战国时期物欲横流、战乱不休的社会现实,在如何有效治理社会方面,法家反贪倡廉的呼声最高。他们不仅对治国之法进行了系统的探究,而且对"廉"范畴也进行了深刻的阐释。

1.廉为国纲:管子的廉洁思想

管子(约前725—前645),名夷吾,春秋齐国颍上人,著名的政治家、思想家。他在辅佐齐桓公时,积极推行政治、经济和社会制度方面的一系列变法改革,使齐国成为春秋时期的一个霸主。管子本人也成为后世政治家、思想家学习的楷模。

与此同时,管子也十分重视"廉"范畴的重要作用。在《管子》一书中,"廉"字前后使用有十余次,尤其是在《牧民》篇中,管子把礼、义、廉、耻四者并列,称之为"国之四维"。"维"即结物的大绳,"四维"即治国的四大纲要。他说:"国有四维,一维绝则倾,二维绝则危,三维绝则覆,四维绝则灭。倾可正也,危可安也,覆可起也,灭不可复错也。何谓四维?一曰礼,二曰义,三曰廉,四曰耻。"[1]在管子看来,"廉"与"礼""义""耻"是共同维系国家稳固的四大支柱。有礼,人们就不会超越应守的规范;有义,就不会妄自求进；有廉，就不会掩饰过错；有耻，就不会趋从坏人。"廉"是治理国家必须坚持的一个重要原则，背离了这个原则，国家必然发生倾覆。可以说，把"廉"上升为治国之纲的高度，这是管子的一大贡献，他也是中国廉政思想史上的第一人。

管子还认为，"廉"不仅是国之大纲，而且还是立身之本。他在《立政》篇中就说："礼义廉耻不立，人君无以自守也。"也就是说，对于国君而言，"廉"是立身之基，是必须坚守的基本道德操守。不仅如此，管子还认为"廉"是官员为官执政应必备的一种素质与要求。在《四称》篇中，管子就说："近君为拂，远君为辅，义以与交，廉以与处。"[2] 意思是说，为官者应该要以义来相交，以"廉"来处事。

此外，管子还对"廉"的内涵进行了详细区分，把"廉"分为"小廉"和"大廉"。这反映了管子对"廉"范畴的认识有了一个很大的突破。《权修》篇曰："凡牧民者，欲民之有廉也。欲民之有廉，则小廉不可不修也。小廉不修于国，而求百姓之行大廉，不可得也。"[3] 也就是说，为官者要治理人民，应该先重视小廉，然后再要求百姓去行大廉。

那么，如何才能实现"廉"的目标呢？管子也提出了自己的一些真知灼见。一方面，管子主张要努力发展社会经济，提出了"仓廪实而知礼节，衣食足而知荣辱"的观点。他认为，为政者只有先通过

1 / 赵守正：《管子注译》，广西人民出版社1982年版，第1页。

2 / 赵守正：《管子注译》，第314页。

3 / 赵守正：《管子注译》，第18页。

实施一系列的措施,让老百姓先富裕起来,衣食无忧,然后再施以礼义教化,这样老百姓才能知晓荣辱廉耻。同时,管仲又主张去奢、节俭。《禁藏》说:"故立身于中,养有节……不作无补之功,不为无益之事……故适身行义,俭约恭敬,其唯无福,祸亦不来矣。"他认为统治者奉行去奢、节俭的政策,既有利于养生,又能减少社会财富的耗费,避免争夺衣食的斗争。

另一方面,管子还主张加强吏治建设。他认为廉政的根本在于治吏。有一天,齐桓公问管子治理国家的最大祸患是什么?管子回答说,最大的祸患就是"社鼠"。为什么"社鼠"是国家的最大祸患呢?管子解释说,创制法度的是君主,执行法度的是大臣官吏,遵照法度行事的人民。在这三者中,最关键的是执行法度的人。如果执行法度的大臣和官吏们徇私枉法,那必然就会导致国家上下大乱。所以,官员们能否守法是至关重要的,必须加强吏治建设,这样才能保证官吏廉洁从政。

总之,管子的廉洁思想是顺应当时社会发展形势而生的,尤其是"四维"说,对后世政治产生了深远影响,对中国古代"廉"范畴的发展具有积极意义。

2. 以法为本:韩非子的廉政思想

韩非子(约前280—前223)是战国末期法家学说的集大成者。他精通"刑名法术之学",在系统整理早期法家理论思想的同时,提出了一套集"法、术、势"为一体的旨在加强中央集权的法治思想。与此同时，韩非子还对"廉"范畴进行了富有创见性的论述。

在何谓"廉"的问题上，韩非子在其书中进行了详细解释。他说："所谓廉者，必生死之命也，轻恬资财也"（《韩非子·解老》）、"难予谓之廉"（《韩非子·诡使》）、"贤士者修廉而羞与奸臣欺其主"（《韩非子·孤愤》）、"轻爵禄，易去亡，以择其主，臣不谓廉"（《韩非子·有度》）。不难看出，在韩非子看来，"廉"就是不贪恋资财，就是洁身自爱。此外，韩非子还把那些不求"廉"德而贪慕钱财之人视为"盗跖"。所以，《忠孝》篇中就说："毁廉求财，犯刑趋利，忘身之死者，盗跖是也。"

在为何"廉"的问题上，韩非子明确指出为官不廉、贪求私利对国君权威具有重大危害。他认为，如果百官之吏不以清廉方正去遵奉法律，而是以贪污之心去徇私枉法、获取私利，那就犹如登上高山之巅或坠入深溪之下去求生一样，必定是不可能实现的。如果百官不清廉为政，那么由于受到贪欲的驱使，卖官鬻爵之风横行，必将导致政权危机。所以，韩非子认为，为官从政者必须要遵守"廉""直""公""正"等道德规范，清正廉洁为官，切不可"毁廉求财"、贪赃枉法、鱼肉百姓。他对西门豹"清克洁悫，秋毫之端无私利"治理邺县"三患"的行为大加赞赏。

那么，如何才能养成"廉"德、实现廉洁政治呢？在韩非子看来，从根本上说，这一目标的实现离不开法治的实施。为此，韩非子设计出了一整套防止腐败的具体措施。他主张国家应该要加强法制，颁行明确的法令和规章制度，使得人们有法可依，不给奸邪之人以可乘之机。在《外储说右下》篇中，韩非子讲了一个关于赵简主派人收税的故事：赵简主派税吏去收税，他只是告知说"勿轻勿重"，并没有给出明确的征税标准。结果那个税吏钻了个空子，出现了"府库空虚于上，百姓贫饿于下，然而奸吏富矣"的情况。

韩非子从人"好利""好名"的本性出发，主张把"誉"作为反腐倡廉的重要手段。因为人们具有较强的荣誉感和求名心理，英明的君主可以因势利导。他说："上之所以立廉耻者，所以属下也。"（《韩非子·诡使》）"赏莫如厚，使民利之；誉莫如美，使民荣之；诛莫如重，使民畏之；毁莫如恶，使民耻之。"（《韩非子·八经》）韩非子认为，运用赏誉的手段有利于引导人们积极向"廉"。可以说，韩非子的这一思想与后世统治者重视对清廉官吏的奖掖具有一脉相承性。此外，韩非子还对那些以自律的方式恪守廉洁从政规范的清官循吏给予大加赞赏。在《外储说右下》篇中就记载了这样一个故事：鲁国的丞相公仪休喜欢吃鱼，有人为了巴结他而投其所好，送鱼上门，结果被公仪休当面拒绝。弟子对公仪休的做法表示不理解。既然喜欢吃鱼，为什么还拒绝别人送来的鱼呢？公仪休回答说，自己喜欢吃鱼，但也绝不因为自己喜欢就可以随便接受别人送来的鱼，那样的话就是受贿，也败坏了自己的名声。从此，"公仪休拒鱼"的故事成为历史上官吏清廉为政的典范。

韩非子还主张要实现官吏的清廉为政，必须从经济上铲除滋生腐败的根源。他认为"奉足以给事，而私无所生"(《韩非子·八经》)。意思是说，只要官员的俸禄给得足够，那他就不会产生私欲，也就不会导致腐败的发生。为此，韩非子主张实行"厚禄"政策。实行厚禄，自然有利于调动官吏的积极性，增加官吏因贪污受贿而丢掉官位的心理压力，使其患得患失，即使贪婪之人也不敢轻举妄动。可以说，韩非子"厚禄养廉"的思想主张，对后世中国的许多帝王及思想家的廉政思想都产生了重要影响。如汉宣帝就下诏说："今小吏皆勤事，而奉禄薄，欲其毋侵渔百姓，难矣。其益吏百石以下奉十五。"(《汉书·宣帝纪》)其实，"厚禄养廉"本身就存在着一定的逻辑错误，"厚禄"只是"廉洁"的一个必要条件。为官者能否清正廉洁，是多方面因素共同作用的结果，包括个人的自律、外在的监督和制度的约束等。所以，如果单纯地强调"厚禄"，那并不能足以使官吏做到清廉为政。

总之，在倡廉反贪方面，韩非子提出了一套较为系统、全面的思想主张，尽管有些观点失之于偏颇，带有一定的局限性；但是，他所提出的许多主张，仍闪耀着思想的光辉，至今仍具有重要借鉴意义。

四、墨子"贵廉"思想

春秋末期的墨家学派，是与儒家并称的"显学"。韩非子就说:"世之显学,儒、墨也。儒之所至,孔丘也。墨之所至,墨翟也。"《吕氏春秋》中也说:"孔墨之弟子徒属,充满天下,皆以仁义之术教导于天下。"可以说,在战国时代,墨家学派的影响力可以与儒家学派相比肩,它们都尊崇尧舜,都有很高的道德追求。当然,儒家与墨家的区别在于,孔子之学出于周礼,而墨子之学出于夏礼。

墨子是墨家的创始人、墨家学说的主要奠基者。其所著《墨子》(今本共五十三篇)一书,内容非常丰富,集中反映了墨子、墨家学说的基本主张。墨子思想以"兴天下之利,除天下之害"为主旨,包括了尚贤、尚同、节用、节葬、非乐、非命、兼爱、非攻、天志、明鬼等方面。其中,"兼爱""非攻""尚贤"和"节俭"是其基本主张,代表了当时平民阶层的利益诉求和社会理想。

《墨子》一书中虽然直接论"廉"的内容并不多,但从其基本的思想主张中可以看出,墨子是非常重视"廉"的。如《吕氏春秋·不二》篇中就曾评价说:"墨翟贵廉。"那么,墨子是何以"贵廉"的呢?具体来说:

墨子认为"廉"是君子的一种重要品行。《修身》篇中说:"君子之道也,贫则见廉,富则见义,生则见爱,死则见哀。四行者不可虚假,反之身者也。"在墨子看来,作为一个君子应该要具有"廉""义""爱""哀"四种品行,贫困的时候能够守住清廉,富贵的时候能够坚守住道义,对待生者要有仁爱之心,遇到死者要表达哀悯之情。当然，在这"四行"之中，"廉"是居于首位的。正是基于对"廉"的推崇，墨子对那些弃禄向义之人是大为赞赏的。《耕柱》篇中就记述了这样一个故事：墨子让管黔到卫国称赞高石子，使高石子在卫国做了官。卫国国君给他的俸禄很优厚，安排他在卿的爵位上。高石子三次朝见卫国国君，竭尽其言，卫国国君却毫不采纳实行。于是高石子离开卫国回到了齐国，见到墨子说："卫国国君因为老师的缘故，给我的俸禄很优厚，安排我在卿的爵位上，我三次入朝见卫君，把意见说完，但卫君却毫不采纳实行，因此离开了卫国。卫君恐怕会以为我发疯了吧？"墨子说："离开卫国，假如符合道的原则，承受发疯的指责有什么不好？"高石子说："我离开卫国，哪敢不遵循道的原则！以前老师说过：'天下无道，仁义之士不应该处在厚禄的位置上。'现在卫君无道，而贪图他的俸禄和爵位，那么，就是我只图吃人家的米粮了。"墨子听了很高兴地说："违背义而向往俸禄，我常常听到；拒绝俸禄而向往义，从高石子这里我算是见到了。"

此外，墨子还特别指出，"廉"应该是为官从政者所需要恪守的基本道德规范之一。在《号令》篇中，墨子就强调选用在主将身边工作的官员一定要正派廉洁、忠诚可靠、正直无私。

那么，如何来养廉，实现官吏的廉洁从政呢？一方面，墨子提出要"以俭养廉"。节俭思想是墨子伦理思想的重要内容。墨子深知"俭节则昌，淫佚则亡"的道理，所以强调"衣服不可不节"，认为衣裳的作用在于冬则御寒，夏则防暑，衣服可以温暖身体、舒适肌肤便足矣；强调"食饮不可不节"，认为饮食是为了补充气血、强壮身体、聪明耳目，富人奢侈浪费，必然会使穷人挨饿受冻，在这种情况下，统治者是不可能治理好国家的。他还认为，为政者应该像古代的大禹一样，过着清廉俭朴的生活。不仅如此，墨子还强调官员要从政以俭。在《非乐上》篇中，墨子提出了"反中民之利"的主张，为政者应该要取之于民、用之于民，一切问题都要根据百姓的实际需要来处理，不能铺张浪费。此外，墨子还主张要"薄葬"。从《墨子》一书中可以看出，当时厚葬的奢靡之风已经到了无以复加的程度。墨子认为，厚葬久丧并不能富贫众寡、定危治乱，是辍民之事、靡民之财，足以使国家由富变贫、人民由众变寡、行政由治变乱。所以，墨子考虑问题是从国家人民的实际利益出发的。可以说，墨子的节俭思想中已经透露出一定程度上的清廉意识。

另一方面，墨子还主张"以法惩贪"。墨子非常关心民众疾苦，视"饥者不得食，寒者不得衣，劳者不得息"为"民之三患"，而这一切都是由于贪官污吏的巧取豪夺所致。所以，墨子主张必须要整顿吏治。在墨子看来，整顿吏治的根本途径就是要严肃法制、以法惩贪。他认为天底下办事的人，不可以没有法则；没有法则，就不能把事情办好。可以说，墨子主张"以法惩贪"，充分反映了他以法促廉的基本思想主张。

五、晏子节俭养廉

晏子,名婴,字平仲,春秋末期齐国夷维(今山东高密)人。晏子历仕齐灵公、齐庄公、齐景公三朝,尤其是辅佐齐景公达四十年之久。当时,齐国势力衰弱,景公荒淫放纵,滥用刑罚,怠于朝政。晏子纠偏补弊、匡君救民、周旋诸侯,内政外交皆赖其力。关于晏子的生平事迹,主要见于《晏子春秋》一书中。这是一部记载晏子政治言论的书,主要记录晏子与齐景公之间的对话,内容涉及政治、军事、经济、社会、外交、哲学、伦理等诸多方面,一事一章,共二百五十五章。全书内容分为《内篇谏》(上、下)二篇、《内篇问》(上、下)二篇、《内篇杂》(上、下)二篇,加之《外篇》二篇,共八篇。《晏子春秋》中,在晏子与齐景公的对话中,就包含着晏子大量的关于"廉"范畴的基本思想。

对"廉"范畴基本含义的理解,晏子与孔子、孟子存有很大不同。晏子认为,圣人在不得意的时候,应"伏匿隐处,不干长上,洁身守道,不与世陷乎邪,是以卑而不失义,瘁而不失廉"(《晏子春秋·内篇》)。可见,晏子主要是从道德规范的角度来阐释"廉"的。《内篇杂下》中指出:"廉者,政之本也……廉之谓公正。"在晏子看来,"廉"是为政的根本,廉洁就是要公正,合乎规范与法度。此外,在《内篇问下》中,晏子还进一步指出,廉政犹如"其行水也,美哉水乎清清,其浊无不雩途,其清无不洒除,是以长久也"。意思是说,统治者只有实行廉政,才能巩固自己的统治,从而实现社会的长治久安。

那么,如何才能做到以廉为本,实现政治廉洁呢?在晏子看来,其基本举措主要包括:

一是要做到"以俭养廉"。所谓"俭",晏子在《内篇问上》中解释说:"俭于藉敛,节于货财。"在晏子看来,"俭"就是"俭省"的意思,也就是要少征赋税,不与民争利。当然,与"俭"相对的就是"奢",成由勤俭败由奢。所以,为了实现廉俭的目标,晏子主张要去侈戒奢。晏子认为,节俭有利于国家的发展壮大,奢侈则会导致民怨沸腾,最终导致国家的灭亡。当时,齐景公生活奢靡,"景公为履,黄金之綦,饰以银,连以珠,良玉之絢,其长尺,冰月服之,以听朝"(《晏子春秋·内篇谏下》)。于是,晏子就劝谏齐景公说,要想把国家治理好,就必须任用贤才、爱护百姓、奉行节俭。可见,晏子已经把廉俭上升到治国的高度来认识,把它作为治国的重要措施之一。晏子不但劝谏国君生活不要奢侈,而且他虽身为齐国的国相,日常生活却十分俭朴。晏子虽为相多年,却不置家产,始终保持两袖清风。《内篇杂下》中说:"景公禄晏子以平阴与藁邑,反市者十一社。"国君送给晏子两座城邑,还包括可以从事经商活动的集市等,可是晏子坚决不受。平时,家中"食不重肉,妾不衣帛"。晏子经常穿着旧衣服朝见国君,一件皮外衣穿了三十年仍不换新的,乘坐的是老马旧车。

二是要做到"勤政爱民"。晏子一生为官,忠于职守,勤于政事。有一次，齐景公准备赏赐晏子，晏子却坚决不受。齐景公就问晏子说："你难道就不爱富贵吗？"晏子却回答说："为人臣者，先考虑君主，然后才能顾及自身；要使国家安定，然后才治家，我何尝不愿意富贵！"当齐景公准备要给晏子增加俸禄时，晏子却回答说："放宽渔盐商人的关卡；免收关口和市场税；农民十税其一，减轻刑罚。如果您能做到这三条，就是对我最好的赏赐，而且您也能从中得到好处。"此外，有一年，齐国连续多日大雨不止，洪涝灾情严重，在多次奏请救济灾民却遭到齐景公拒绝后，晏子就把自己家的粮食分给灾民。可以说，晏子的这种道德观念和思想境界，确实难能可贵，堪称"先天下之忧而忧，后天下之乐而乐"的典范。

三是要做到"修身行廉"。可以说，清正廉洁不仅是社会的价值取向，而且也是个人的主体诉求，是一个道德高尚的人应该具备的品德。晏子深知贪欲之害，认为"足欲，亡无日矣"(《晏子春秋·内篇杂下》)。所以，晏子主张一个人可以通过自我修养，消除或克服自身非道德欲望，努力接近尽善尽美的境界。他还提出："节受于上者，宠长于君；俭居处者，名广于外。夫长宠广名，君子之事也。"(《晏子春秋·内篇杂下》) 在晏子看来，人们对上面的赏赐应该有所节制，这样得到君王的宠爱才会长久；简朴地安居在自己的处所，这样名声才会在外面传扬。所以，从根本上说，晏子认为人必须坚持修身以行廉，节制个人欲望，方能达到长久立身处世的目的。他还进一步指出，修身行廉是君子应当做的事。当然,晏子本人也正是修身行廉的典范。晏子的高风亮节使得他受到了世人的赞誉。司马迁在《史记》中为其立传,并在篇末感叹道:"假令晏子而在,余虽为之执鞭,所忻慕焉。"意思是说,如果晏子活着,我就是替他执鞭驾车,也是十分荣幸的。这样的褒奖,实不为过。

总之,晏子廉俭思想是中国传统廉洁文化中的重要遗产,其中的许多思想观点与方法智慧值得我们借鉴。

此外,在先秦时期,还有集儒、墨、道、法各学派思想于一体的杂家,其代表作是战国末期的《吕氏春秋》。《吕氏春秋》又名《吕览》,是由秦丞相吕不韦及其门客共同编纂而成的。全书共十二卷,一百六余篇,以道家黄老之学为主,兼采儒、墨、道、法诸子百家言,故《汉书·艺文志》将其列入杂家。

《吕氏春秋》中有多处论及"廉"字。在其十二纪、八览、六论中,就专门辟有《忠廉》《诚廉》之篇,而且在《贵公》《去私》《顺民》《下贤》等许多篇章中对"廉"问题也都有所涉及。那么,何谓"廉"呢?《诚廉》篇中,用伯夷、叔齐的故事来论证"廉"的基本观点:

> 石可破也,而不可夺坚;丹可磨也,而不可夺赤。坚与赤,性之有也。性也者,所受于天也,非择取而为之也。豪士之自好者,其不可漫以污也,亦犹此也。昔周之将兴也,有士二人,处於孤竹,曰伯夷、叔齐。二

人相谓曰："吾闻西方有偏伯焉，似将有道者，今吾奚为处乎此哉？"……伯夷、叔齐闻之，相视而笑曰："嘻！异乎哉！此非吾所谓道也。……割牲而盟以为信，因四内与共头以明行，扬梦以说众，杀伐以要利，以此绍殷，是以乱易暴也。吾闻古之士，遭乎治世，不避其任；遭乎乱世，不为苟在。今天下暗，周德衰矣。与其并乎周以漫吾身也，不若避之以洁吾行。"二子北行，至首阳之下而饿焉。人之情，莫不有重，莫不有轻。有所重则欲全之，有所轻则以养所重。伯夷、叔齐，此二士者，皆出身弃生以立其意，轻重先定也。

可以看出，这段文字中以石坚、丹赤为喻，指二人为其道而能保持操守志节，甚至可以舍生取义，对二人给予极高的评价。伯夷叔齐西行周朝主要是追求"道"，他们深入观察西周的道德风尚，发现武王派叔旦去策反纣王的高官胶鬲，以"加富三等，就官一列"为条件，签订盟约。又派召公去策反微子开，许诺其世世代代为长侯，并把桑林和孟诸这两个地方送给微子，以此签订盟约。这行为和二人所秉持的仁道是相悖的。可见，《吕氏春秋》认可的伯夷、叔齐之廉更主要地体现在一种以道为是非观的道德自律。此外，在《忠廉》篇中还说："故临大利而不易其义；可谓廉矣，廉，故不以贵富而忘其辱。"也就是说，"廉"的实质就是不因追求利益而丧失道义，也不因眼前的富贵而忘记曾经的屈辱。

《吕氏春秋》中还认为，"廉"是为官从政者必备的基本道德要求之一，是检验为官者行为的重要准绳。如《孝行》篇中就说："人臣孝，则事君忠，处官廉，临难死。"意思是说，臣子做到孝，那么侍奉君主就忠诚，居官就清廉，面临灾难就能英勇献身。在《离俗》篇中也说："布衣、人臣之行，洁白清廉中绳。"

总起来说，由于政治思想主张和阶级立场的不同，先秦诸子各家均从不同的角度对"廉"范畴进行了具体阐释，在何谓廉、为何廉，以及何以廉的问题上，都做出了创造性的阐释。儒家主张德治，所以在论述"廉"范畴的时候，更多的是将"廉"寓于德政之中；道家主张无为，在释"廉"的时候，则是把"廉"德置于无为而治的思想中进行考察；法家主张法治，在对"廉"范畴进行阐述时，体现着鲜明的法治色彩；墨家主张兼爱非攻，在阐述"廉"范畴时，主要强调其道德意义。可以说，先秦诸子各家尽管对"廉"范畴的理解与阐释存在着一定的差异，但比较起来看，其共同之处也是非常明显的，即都认为"廉"是一个重要的伦理道德范畴，"廉"与"贪"是相对的一个概念，"廉"就是"不妄取""不苟得""不贪"；"廉"既是立人之大节，也是为政之根本。同时，就整个思想体系而言，儒家学说是诸子百家中最为严密完备的，也因此而受到历代统治者所尊崇。《周礼》"六廉"思想的形成，虽晚于"四行""四维"，但它对后世的影响却远远大于先秦各家，成为后世一直尊崇的为官从政的基本准则。

第三章
大一统下的政治化趋向

前221年,秦王朝建立,结束了自春秋战国以来五百余年分裂混战的局面,中国历史由此进入了一个新的历史时期。秦汉四百年是中国历史上一个重要的发展时期。这一时期,政治、经济和文化上的重大发展也奠定了此后中国历史发展的基础。政治上的统一为思想文化的繁荣创造了重要条件。儒学历经"秦火"近百年后而终获重生之机,汉武帝接受董仲舒的建议而实行"罢黜百家,表章《六经》"(《汉书·武帝纪》)。自此,儒家思想开始与封建政治紧密地耦合在一起:一方面,儒家思想成为维护封建统治的正统思想,并逐渐渗透到政治、法律和文化等社会各领域;另一方面,儒家思想在此后的历史嬗变中又逐渐打上了深深的政治印记,儒学经学化和政治化的历史进程由此而开启。

在此背景下,"廉"这一伦理道德范畴更多地与从政行为联系在一起,成为为官从政者所必须具备的一种职业道德。秦汉的统治者们积极地倡廉惩贪,他们不仅把"廉"视为一种重要的为官之德,而且将其作为官吏选拔与考核的重要依据。秦汉时期的思想家们，如贾谊、董仲舒、王符、王充等人也都对"廉"范畴进行了大量的理论阐释。此外，这一时期的许多封建官吏也都积极践行"为政清廉"的基本理念，涌现出了以黄霸、杨续、杨震为代表的清官廉吏的典范，为风清气正社会局面的出现起到积极推动作用。

一、秦汉统治者们的倡廉惩贪

《汉书·宣帝纪》中说："吏不廉平，则治道衰。"对一个国家而言，为官者清廉与否是至关重要的。廉德是吏治的根本保证，如果为官者廉德缺失，必然导致吏治的腐败和社会治道的衰落。秦汉时期的统治者们，深刻地认识到"廉乃为政之本"的道理，极力倡导清廉为政，惩治贪污腐败。

1. 秦简《为吏之道》中的"清廉"要求

1975年12月，在湖北云梦县睡虎地发掘了大量秦代时期的竹简，经专家们考证与研究，整理成为《睡虎地秦墓竹简》。《为吏之道》是其中的一部分，由51支竹简组成。因句首为"凡为吏之道"，故用"为吏之道"作为篇名。《为吏之道》主要讲了为官者应该遵守的一些道德原则与规范，还包括一些处世做人的原则，其思想内涵上则将法、儒、道、墨诸家学说有机地交融在一起，共同服务于治国、理政、安民、趋利等政治目的。当然，《为吏之道》中有不少的记载内容与《礼记》《大戴礼记》《说苑》等著作中的内容是完全相吻合的。《为吏之道》是研究秦代政治的可贵资料，其中所提出的一些具体的道德规范与行为准则，也充分反映了秦代对官吏清廉为政的基本要求。

《为吏之道》开篇即言："凡为吏之道，必精洁正直，慎谨坚固，审悉毋私，微密纤察，安静毋苛，审当赏罚。"[1] 意思是说，凡是为官者必须要清白正直，谨慎小心，不轻信他人，不徇私情；从细微之处周密明察；心境淡泊，不追求功名利禄；审时度势，赏罚慎重确当。可以说，这里把"精洁正直"视为官吏为官的首要标准，充分说明了秦朝对官吏清廉为官的重视。

《为吏之道》中还强调说，官吏要端正自己的品行修养，必须做到"五善"，即："一曰中（忠）信敬上，二曰精（清）廉毋谤，三曰举事审当，四曰喜为善行，五曰龚（恭）敬多让。五者毕至，必有大赏。"[2] 也就是说，为官从政者必须要做到忠实守信、尊重上级，清正廉洁而没有怨言，做事情要周密而确当，要乐于做善事，对人恭敬且要多谦让。如果能够做到这五个方面的要求，必然就会获得重赏。这里所强调"清廉毋谤"，实际反映出的就是对为官"清廉"的一种积极倡导。

《为吏之道》中说："临材（财）见利，不取句（苟）富；临难见死，不取句（苟）免。欲富大（太）甚，贫不可得；欲贵大（太）甚，贱不可得。毋喜富，毋恶贫，正行修身，过（祸）去富存。"意思是说，遇到危险，面临死

1/ 张希清、王秀梅主编：《官典》第一册，吉林人民出版社1998年版，第216页。

2/ 同上。

亡，不苟且偷生而免死。求富之心太切，即使想过贫而安定的生活也不可得；求贵之心太切，即使想处于低贱而安定的地位也不可得。不要喜欢富有、厌恶贫穷，品行端正，注意修身，自然祸去福存。这充分体现了要求为官者要有一种"安贫乐道"的思想，对官员的清廉为官也有积极意义。它告诫为官从政者必须静心、守诺、恭敬、明亮，"毋使民惧"，而使民心安宁；必须敢于坚持原则，遏制私欲，不贪赃枉法、贪恋钱财，不图谋私利；必须以身作则、为人表率；掌握着治国理政之权力，必须要谨慎揣度、认真思量。

《为吏之道》中还认为："为人君则鬼，为人臣则忠，为人父则兹（慈），为人子则孝。"意思是说，做国君就要成为一个仁君，当大臣就要成为一个忠臣，作为一个父亲就要成为慈父，作为人子就要成为一个孝子。君仁臣忠、父慈子孝这是处理好政事的根本，也是对官吏加强道德修养的基本要求。当然，作为一个为官者，要想培养自己的廉洁情操，还必须控制好自己的情绪，自觉做到"怒能喜，乐能哀，智能愚，壮能衰，恿（勇）能屈，刚能柔，仁能忍"。

此外，《为吏之道》在积极倡廉的同时，也主张要对官吏的贪腐行为进行严厉的惩处。《为吏之道》中提出："吏有五失：一曰见民呆（倨）敖（傲），二曰不安其毚（朝），三曰居官善取，四曰受令不僂，五曰安家室，忘官府。五者居一，必受惩处。"[1] 意思是说，为

---

[1] 张希清、王秀梅主编：《官典》第一册，第216页。

官者如果出现对待老百姓态度傲慢、不安于朝政、居官善于巧取豪夺、接受命令态度不恭敬、安于家事而忘记国事五种情况中的一种，就要受到严厉的处罚。

总之，《为吏之道》中关于"廉洁奉公"的基本官德要求以及诸多倡廉惩贪的举措，虽然是两千多年前对于为官从政者的谆谆教诲，但它所强调的清洁正直、谨慎坚固、慈孝忠信、孝义仁爱等思想，对于官吏们能够始终保持廉洁自律、廉洁奉公、依法行事，防止和打击贪赃枉法行为等都具有积极的意义。

2. 惩贪贵廉：汉代统治者们的廉政思想

秦朝因暴政二世而亡，这给汉初的统治者们以极大的警示。所以，在秦代强调"以法治吏"的基础上，汉初的统治者们在如何实现廉洁政治问题上，特别强调对官吏贪腐的惩治，提出要对贪污受贿者施以重刑。汉高祖刘邦即位后不久，就曾下诏说："其令诸吏善遇高爵，称吾意，且问廉，有不如吾诏者，以重论之。"(《汉书·高帝纪下》)这里突出强调的是要以"廉"为准绳。《张家山汉简·二年律令》中也规定："受贿以枉法，及行贿者，皆坐其臧（赃）为盗，罪重于盗者，以重者论之。"可以看出，汉初法律对贪污者的惩罚要重于盗窃罪。汉文帝也曾颁布法令规定，"吏坐赃者，皆禁锢不得为吏。"还有，"吏受所监临，以饮食免，重；受财物，贱买贵卖，论轻。廷尉与丞相更议著令"。在《汉书·王贡两龚鲍传》中也写道："孝文皇帝时，贵廉洁，贱贪污，贾人、赘婿及吏坐赃者皆禁锢不得为吏，赏善罚恶，不阿亲戚，罪白者伏其诛。"可见，在当时，官吏只要有利用职权吃拿卡要的行为，不论多少，一律罢官；对通过收受财物、贱买贵卖等不正当手段聚敛财富的官吏，也规定了惩罚措施。汉景帝时期，也曾就惩治官吏贪污而专门颁布诏书："法令度量，所以禁暴止邪也。……吏或不奉法令，以货赂为市，朋党比周，以苛为察，以刻为明，令亡罪者失职，朕甚怜之。"(《汉书·景帝纪》)此外，《汉书·刑法志》中还规定："吏坐受贿枉法，守县官财物而即盗之，已论命复有笞罪者，皆弃市。"可见，汉代的法律中，对贪污受贿之官吏的惩罚是非常严厉的，其目的也主要是想通过严厉的刑罚禁止官吏腐败，为"清廉"为政提供相应的保障。

为了进行有效的廉政治理，汉代的统治者们除了依靠法律的手段进行严惩之外，还注重在选任官吏时尽量择取一些清廉之士。如《张家山汉简·置吏律》中就规定："有任人以为吏，其所任不廉，不胜任以免，亦免任者，其非吏及宦也，罚金四两，戍边两岁。"意思是说，推荐保举别人为吏者，如果被推举人不能做到廉洁，那么推荐保举者本人也要被追究责任，或被免职，或被罚金四两并戍边两年。经过汉初六十年的发展，到汉武帝时期，在人才选拔方面逐渐形成了以察举制为主的选官、任官制度。汉代的察举任官制度中，设有常科和特科等多种形式。察举的科目包括孝廉、茂才、贤良方正等。这些科目对于预防腐败、倡行廉政具有重要意义。元光元年（前134），汉武帝接受董仲舒建议，"令郡国举孝廉各一人"，即举孝科和举廉科各一人。其中，孝科的察举标准是善事父母，廉科的察举标准是清正廉洁。在察举制推行的初期，孝廉并不是常科。直到元朔元年（前128），汉武帝鉴于郡县举荐人才不力的实际状况，下诏规定举孝廉是二千石官吏的重要职责，如果不遵从诏书的规定举孝，就要按照不敬罪论处；如果不察举廉，就以不能胜任论定免职。自此，孝廉被规定为岁举常科。此外，政府为了把清正廉洁之人选拔出来，对孝廉选官做出了一些制度化方面的规定，如察举孝廉的名额按照郡的人口数量依据一定的比例进行分配。总起来说，察举孝廉是以"孝""廉"为标准，通过察举的方式把真正孝廉的贤人选拔出来。这对于提高整个官僚队伍的素质，改善官僚队伍结构，保障官僚队伍的清廉起到积极作用。汉代的许多清官循吏，如昭宣时期的名相黄霸，正是通过察举孝廉而被选拔出来的。尽管后来出现了"举秀才，不知书；察孝廉，父别居"的情况，但在很大程度上说，这并不是由察举制本身造成的，而是在君主专制制度下察举的权力被少数权势者垄断而出现的制度异化。

除了察举孝廉外，汉代统治者们还大张旗鼓地表彰廉吏，树立官场清廉的典范，从正面引导官吏积极向"廉"。汉文帝十二年，特地颁布诏书，表彰孝悌、力田、三老和廉吏。诏书中说："孝悌，天下之大顺也；力田，为生之本也；三老，众民之师也；廉吏，民之表也。朕甚嘉此二三大夫之行。……其遣谒者劳赐三老、孝者帛，人五匹；悌者、力田二匹；廉吏二百石以上率百石者三匹。"(《汉书·文帝纪》)可以说,把"廉吏"称为民之表率并予以奖赏,这是汉文帝的一大创举。当然,此举对激励官吏廉洁从政起到积极作用。正是在文景二帝倡廉奖廉的影响下,官吏队伍中廉洁从政成风,涌现出了诸如申屠嘉、张释之、卫绾、郅都、郑当时、赵禹等一大批名垂青史的清官廉吏。《汉书·循吏传》篇序中说:"至于文、景……是时循吏如河南守吴公、蜀守文翁之属,皆谨身帅先,居以廉平,不至于严,而民从化。"此外,《史记·酷吏列传》中就提到,汉武帝任用的一些酷吏多以"廉"著称,太史公就赞之说"其廉足以为仪表"。汉武帝时期,曾提拔重用了许多清官廉吏,如赵禹因"为人廉倨。为吏以来,舍毋食客"而被委以重任;尹齐以"事张汤,汤数称以为廉,武使督盗贼,所斩伐不避贵势","病死,家直不满五十金"而深得汉武帝的赏识。可以说,大力表彰廉吏,对于培养汉代官吏以廉为本,树立高尚节操有重要意义。表彰廉吏,就是树典型、立榜样、扬正气,通过对廉吏的表彰,积极引导社会思想舆论,营造清廉自守的社会氛围,是防治官吏腐败的根本之策。

历经秦朝的横征暴敛和秦末战乱的影响,致使汉初国库空虚,百姓困顿,"自天子不能具醇驷,而将相或乘牛车"。面对这样残破不堪的局面,汉初的统治者们在积极推行轻徭薄赋、与民休息政策的同时,还厉行节俭,极力培育社会的节俭之风。这对官吏们的清廉为政也起到积极作用。汉高祖时,丞相萧何主持营建未央宫。刘邦看到宫阙壮丽,就愤怒地指斥萧何说:"天下匈匈,苦战数岁，成败未可知，是何治宫室过度也？"汉文帝更是"以俭朴寒素为天下先"。他身体力行，在位二十三年间，"宫室、苑囿、驹马、服御无所增益"，一直保持着生活勤俭的习惯。有一次，他想盖一座露台，工匠估算造价大约要花费"百金"。汉文帝说："百金相当于十户中产之家的产业。我有幸居住先帝留下的宫室，常常愧怍不安，何必再修露台。"最终，汉文帝放弃了营建露台的打算。他不但自己衣着朴素，常常穿着粗丝织成的黑衣，而且还要求后宫妃嫔也不得穿拖地长裙，帷帐上也不得绣花。此外，他为自己建造的陵园，"皆以瓦器，不得以金银铜锡为饰"。临终前，汉文帝曾下遗诏要求薄葬自己。《史记·孝文本纪》中说："当今之时，世咸嘉生而恶死，厚葬以破业，重服以伤生，吾甚不取。"汉景帝同样也是厉行节俭的。他曾明令禁止各地向朝廷进贡土特产及锦绣等奢侈之物；同时，他还裁减了负责宫廷膳食的官员。

此外，为了加强对官吏的管理，汉代还实行官舍制度，这对保障吏治清廉也起到积极作用。官舍是官吏住所的统称。汉代的官署是前堂后寝的格局。刘敦桢先生说："然汉官寺自九卿郡守，迄于县治邮亭传舍，外为听事，内置官舍，一如古前堂后寝之状。体制或有繁简，区布之法固无异也。"[1] 整个官署的结构，前面为官吏的办公区域，后面为官吏的生活区，中间有围墙将其分割开来。墙上开门，称之为"閤"或者"闺閤"。《史记·曹相国世家》中说："相舍后园近吏舍，吏舍日饮歌呼。从吏恶之，无

1/《刘敦桢文集》第一卷，中国建筑工业出版社1982年版，第137页。

如之何,乃请参游园中,闻吏醉歌呼,从吏幸相国召按之。乃反取酒张坐饮,亦歌呼与相应和。"[1]可知,相舍与吏舍是分离的。此外,在和林格尔汉墓中出现的武城地图上,有武城长舍、尉舍、长吏舍等标注,而宁城图所绘宁城寺舍中有吏舍的标注。由于官吏职务高低的不同、清廉程度的不一,所以汉代官舍在规模与配备上往往存在较大差异。一般而言,官职愈高的官吏,其官舍规模愈大且配置更为齐全。《后汉书》中说高弘:"悉出舍中供设付外,冬坐羊皮,夏坐板榻,以桑杯盛浆水。"[2]他出任琅琊相时,非常清廉节俭,把配给官舍中的用具都搬了出去。他冬天就铺张羊皮当坐垫,夏天坐在木榻上,用非常普通的桑木杯饮水喝。当然,官舍是由国家提供给各级官吏使用的,所有权属于国家,官舍内的用具和基本摆设也都是由政府配给的。从有关文献资料看,官吏个人是不能随意对官舍进行改建与修缮的。《后汉书·杨震列传》记载了这样一个情况:中常侍樊丰及侍中周广、谢恽等人,趁皇帝外出之机,伪造了诏书,私自调拨用于农业生产的财政钱粮和皇家工匠修建自己的官舍。太尉杨震获知此事后,将其揭发。[3]《后汉书·郭陈列传》中也说:"初,肃宗时,司隶校尉下邳赵兴亦不恤讳忌,每入官舍,辄更缮修馆宇,移穿改筑,故犯妖禁。"[4]所以说,官

---

1 /《史记》卷五十四,中华书局2009年版,第358页。

2 / 周天游:《八家后汉书辑注》,上海古籍出版社1986年版,第257页。

3 /《后汉书》卷五十四,中华书局1965年版,第1763页。

4 /《后汉书》卷四十六,第1546页。

吏私自修缮官舍是违反规定的。官员离职时，应该从原住官舍中搬出，并将其退还国家。此外，官员离开官舍时，不能带走国家配给官舍中的任何物品。

总起来说，汉初的统治者们为了实现政治统治的目的，提出了一系列惩贪、倡廉、节俭的措施，有效地保障了政治上的清正廉明，为汉代社会的持久发展奠定了坚实的基础。

二、汉代思想家们的倡廉主张

汉代时期，以贾谊、董仲舒、刘向等人为代表的思想家们，鉴于历史的经验和教训，对社会上的奢侈之风蔓延与吏治腐败及其危害问题都有深刻的认识，从维护统治阶级的根本利益出发，提出了各自的倡廉主张，对先秦以来的清廉思想继续发展起到积极推动作用。

1. 贵礼反奢：贾谊的清廉主张

贾谊（前200—前168）是西汉初期杰出的文学家、政治家和思想家，世称贾太傅、贾长沙、贾生，河南洛阳人。二十岁时，贾谊因才能出众而被汉文帝任命为博士，并迁升为太中大夫。但此后不久，因遭到权臣嫉妒而被排斥，后被贬为长沙王太傅、梁怀王太傅。三十三岁时，忧郁而死。贾谊对秦汉之际的历史经验进行了深刻总结，不仅留下传颂千古的《过秦论》《治安策》等名篇，还留有今存十卷五十八篇的《新书》。

秦朝统治者追求奢侈腐化的生活，大兴土木，役使百姓，终致天下反抗。《过秦论》中就说："重以无道：坏宗庙与民，更始作阿房之宫；繁刑严诛，吏治刻深；赏罚不当，赋敛无度。天下多事，吏不能纪；百姓困穷，而主不收恤。然后奸伪并起，而上下相遁，蒙罪者众，刑僇相望于道，而天下苦之。"所以，汉初的统治者汲取秦亡的深刻教训，强调诸事从简。可是，随着社会经济的恢复与发展，奢靡之风也日益增长。人们竞相追求华丽的服饰，奢华的饮食，商贾富户竞相攀比。在《新书·俗激》篇中，贾谊对当时社会这一奢靡之风进行了严厉的批评。他说："今世以侈靡相竞，而上无制度，弃礼义，捐廉丑，日甚，可为月异而岁不同矣。逐利乎不耳，虑念非顾行也。"这种奢靡之风不断蛀蚀着人们的心灵，腐化着人们的思想，使人们在很多时候为了追名逐利而往往置法律与道德于不顾。这不但损害了社会经济的发展，而且败坏社会的风气，污浊官场生态，威胁国家政权的安全。所以，在《新书·无蓄》篇中，贾谊就说："今背本而以末，食者甚众，是天下大残也；从生之害者甚盛，是天下之大贼也；汰流、淫佚、侈靡之俗日以长，是天下之大祟也。……生之者甚少而靡之者甚众，天下之势，何以不危？"奢靡之风太甚，是不利于"廉"风的倡导的，贾谊对当时社会上盛行的奢靡之风进行的指责与批评，客观上对倡"廉"产生了积极的影响。

那么，在此社会背景下，如何实现为官者清廉为政呢？贾谊认为，从根本上说，既需要为政者修身正己，也需要对为政者行之以礼、制之以法。

贾谊说:"闻之于政也，民无不为本也。国以为本，君以为本，吏以为本。故国以民为安危，君以民为威侮，吏以民为贵贱。此之谓民无不为本也。"(《新书·大政上》)他认为，国家的存亡，战争的胜负，甚至吉凶祸福都是由民心的向背所决定的，为政者必须重视"民本"的思想。那么，要使得人民归附而不叛离，客观上要求为政者必须要重视自己的个人品行。为此，贾谊还曾经给汉文帝上了一道《陈政事疏》的奏折，其中明确提出要重视打造官吏的廉耻之德。他说:"廉耻不立，且不自好，苟若而可，故见利则逝，见便则夺。主上有败，则因而挻之矣;主上有患，则吾苟免而已，立而观之耳;有便吾身者，则欺卖而利之耳。人主将何便于此? ……遇之有礼，故群臣自喜;婴以廉耻，故人矜节行。上设廉耻礼义以遇其臣，而臣不以节行报其上者，则非人类也。故化成俗定，则为人臣者主耳忘身，国耳忘家，公耳忘私，利不苟就，害不苟去，唯义所在。"(《汉书·贾谊传》)意思是说，如果国君不重视让臣下养成廉耻之德，他们必然会滋长私心，贪欲成性，从而危害君主的统治;如果对他们加强礼义廉耻的教育和约束，则可使其提升道德水准，自觉处理好国与家、公与私、义与利的关系。同时，国君只有做到施德于民，"忧民之忧""乐民之乐"，闻善而行之，闻恶而改之，这样才能得到人民的衷心拥护与支持。所以，为政者必须注重修身，不断提高自己的道德素养。

贾谊认为,要避免蹈亡秦之覆辙,实现国家的安定有序,还必须行之以"礼"、制之以"法"。贾谊针对汉初君臣之礼、君民之礼极端混乱的状况,力图从形式上确立一种上下尊卑分明的等级制度,以此达到巩固政权的目的。所以,他非常重视"礼治",认为"礼"是治国之根本。君君臣臣、尊卑大小、上下有位,都是"礼"的内容。贾谊认为,君臣之间只有"厉廉耻,行礼义",才会"君仁臣忠",实现社稷安定、民心归附。当然,贾谊所倡导的"礼"中,实际上包含着"仁义"的内容,这种"仁义"体现的是一种"爱",即"天子爱天下,诸侯爱境内,大夫爱官属,士庶各爱其家"。可以说,贾谊的礼治思想体现了对"清廉"政治的倡导。

除了行之以"礼"外,贾谊也非常重视"法"对人们行为的约束作用。他说:"夫礼者禁于将然之前,而法者禁于已然之后。"(《过秦论》)也就是说,礼与法的作用是各不相同的,"礼"的作用是在行为发生之前的预防,即把罪恶、邪念消灭在萌芽状态之中;而"法"的作用是在行为发生之后对当事人的惩处。所以,"礼"的功能在于约束人们的行为,防止人们因越"礼"而触犯法律;"法"的作用在于事后的惩治,使人们因畏法而不敢再犯。贾谊认为,"仁义恩厚者,此人主之芒刃也;权势法制,此人主之斤斧也"(《新书·制不定》)。也就是说,在大势已定、权力稳固的前提下,法制权势要比礼义更为重要,没有法制的权势,仁义只能流于空谈。可以说，贾谊重视"法"制的思想主张，有助于给为官者的清廉为政提供一种制度上的保障。

当然，在礼、法二者的关系问题上，贾谊认为刑罚的作用固然重要，治国不能不用刑罚，但应以约法省刑为原则；礼义是治国安民的主要手段，但当运用礼义手段无法达到有效的约束时，必须辅之以刑罚的手段。

2. 倡廉去贪：董仲舒的廉洁主张

董仲舒（前179—前104）河北广川人，西汉时期著名的哲学家，是继孔子、孟子、荀子之后和宋代大儒朱熹之前儒学发展史上最为关键的人物之一。董仲舒专治《春秋》公羊学，勤奋研读，"三年不窥园"，终成经学博士。他学识渊博，因作"天人三策"而被汉武帝赏识重用。他潜心著书立说，其著述有《春秋繁露》和"天人三策"（后来被班固收入《汉书·董仲舒传》中）。董仲舒"为人廉直"，对"廉"德也颇为重视。《汉书·董仲舒传》中就说："立学校之官，州郡举茂材孝廉，皆自仲舒发之。"

在董仲舒的论著中，直接论"廉"的材料并不算多。在《春秋繁露》中，仅有几处提到"廉"字。如《竹林》篇中说："天施之在人者，使人有廉耻。有廉耻者，不生于大辱。"认为上天给人以思想，使得人有廉耻之心。当有廉耻之心的人受到大辱的时候，就不会再活着了。《盟会要》篇中也说："天下者无患，然后性可善；性可善，然后清廉之化流；清廉之化流，然后王道举，礼乐兴，其心在此矣。"意思是说，天下没有祸患，然后人的本性就可以从善；人的本性是善的，然后清廉的风气才流行；清廉的风气流行，然后君王的仁义之道才能实行。此外，《为人者天》篇中也说："故君民者，贵孝弟而好礼义，重仁廉而轻财利。"《汉书·董仲舒传》中有："下高其行而从其教，民化其廉而不贪鄙。"在董仲舒看来，"廉"既是做人所必须具备的一种重要的品行，即人要有廉耻之心；同时，"廉"也是为官者所必须具有的一种官德修养。"至清廉平……无有所阿"，为官者要具备清廉、不受贿赂、不徇私情的品德。

  为官者为什么要恪守清廉之德呢？在《春秋繁露·度制》篇中，董仲舒强调说："天不重与，有角不得有上齿，故已有大者，不得有小者，天数也。夫已有大者，又兼小者，天不能足之，况人乎！故明圣者象天所为为制度，使诸有大奉禄，亦皆不得兼小利、与民争利业，乃天理也。"[1] 也就是说，上天是不会重复地给予好处的，长了犄角的动物，就不能再长上齿了；已经拥有大的利益者，就不能再拥有小的利益了，这是天数。否则，上天也不会满足他的，何况人呢！所以，对为官从政者来说，既然已经拿了政府发放的俸禄了，就不应该再去贪恋别的财物，当然也不应该再去争夺民众的利益，而是应该清正廉洁。此外，他还提出"至廉而威"的思想，认为为官者只有做到廉洁才能有威望。所以，在董仲舒看来，无论是从自然天理的角度看，还是从

[1] 曾振宇、傅永聚：《春秋繁露新注》，商务印书馆2010年版，第163页。

为政的角度看，为官者都必须做到清正廉洁。

那么，为官者如何才能做到为政清廉呢？董仲舒认为，为政者首先应该做到"不与民争利"。其实，关于这一思想，《礼记》中早有论述。如"子云：'君子不尽利以遗民'"(《坊记》)、"孟献子曰：'畜马乘不察于鸡豚，伐冰之家不畜牛羊，百乘之家不畜聚敛之臣。'"(《大学》)董仲舒继承了先秦时期的这一"不与民争利"的思想，强调要以民为本。他说："天之生民，非为王也，而天立王以为民也。故其德足以安乐民者，天予之；其恶足以贼害民者，天夺之。"(《春秋繁露·官制象天》)意思是说，上天生养老百姓不是为了君王，可是上天立君王是要管理老百姓。因此，那些德行足可以使百姓安乐的人，上天就将百姓交给他们；那些恶行足以残害百姓的人，上天就会夺回百姓。可以说，在董仲舒看来，为官者只有心系百姓，为民造福，才会清正廉洁。同时，为政者只有实行以德治国，国家才能出现"甘于饴蜜，固于胶漆"的局面。

其次，为政者要清廉为政，还必须抑制自己的贪欲。《春秋繁露·深察名号》篇中说："身之名，取诸天。天两有阴阳之施，身亦两，有贪仁之性；天有阴阳禁，身有情欲栣，与天道一也。"[1] 在董仲舒看来，人有"仁"和"贪"两种不同的质，因受外界不同环境之影响，进而形成善恶两种不同的人性。他还提出"性待教为善"的主张，也就是认为，人的善性是经过教化而成的；如果不施以教化，

[1] 曾振宇、傅永聚：《春秋繁露新注》，第212页。

"仁"质得不到发展,那么"贪"质则会发展成恶。可以说,要人们倡行廉洁,就必须抑制人的贪欲。那么,如何才能抑制人的贪欲呢?董仲舒主张的是"教化去贪"。在他看来,教育是为政的根本,使用刑罚是为政的下策,教育和刑罚虽然分属于不同的领域,但其功用是一致的。他还说"天生民性有善质,而未能善"(《春秋繁露·深察名号》),必待"王教之化也",认为"教化立而奸邪皆止""教化废而奸邪并出"。所以,《汉书·董仲舒传》中就说:"南面而治天下,莫不以教化为大务。立太学以教于国,设庠序以化于邑,渐民以仁,摩民以谊,节民以礼,故其刑罚甚轻而禁不犯者,教化行而习俗美也。"在董仲舒看来,施行教化,人的贪欲就会得以遏制,人民也会得到安宁,廉洁之风自然也就会养成了。

当然,要抑制人们的贪欲,还必须要处理好义利关系。在义与利的问题上,先秦儒家强调"义",但也承认"利"的存在,并注重民利。董仲舒的基本主张是"重义而轻利"。从人性论的角度出发,董仲舒承认人生来就具有精神和物质两方面的需要。《春秋繁露·身之养重于义》中说:"天之生人也,使人生义与利。利以养其体,义以养其心。心不得义不能乐,体不得利不能安。"但是,当对精神和物质两方面进行轻重比较之时,董仲舒认为:"体莫贵于心,故养莫重于义,义之养生人大于利。"(《春秋繁露·身之养重于义》)也就是说,人的心灵对精神的需求要比人的身体对物质的需求更为重要。在此基础上,他又提出:"夫仁人者,正其谊不谋其利,明其道不计其功!"(《汉书·董仲舒传》)[1]意思是说,有道德的人在明白了"义"之后,就"不谋其利""不计其功"了。这实际上是否定了人们在合乎"义"的前提下,对"利"追求的合理性。这也标志着儒家对"利"的态度开始发生转变:由先秦时期对"利"的肯定转向对"利"的排斥,义利间的对立统一关系逐渐被义利间的对立关系所取代。客观地讲,义与利是不能割裂开来的,不能只有对立而没有统一。作为道德原则的"义"是不能脱离物质基础的"利"而孤立存在的。利是义的物质基础,义是利的思想指导。正如《国语·晋语二》中所说的:"夫义者,利之足也……废义则利不立。"在义利问题上,董仲舒既强调义与利的对立,又强调要义利兼顾;当义利冲突时,主张重义轻利、先义后利。这为为政者反贪倡廉提供了理论上的重要支撑。

再次,为官者清廉为政还要依赖于一定的制度约束。在董仲舒看来,为官从政者在为政时,一定要建立起各种制度,这样才会使富贵者不致骄奢,贫贱者养生无忧。否则,如果没有好的制度约束,人人各从己欲的话,那必定会导致人们恣意妄行,富者见利忘义、贫者犯法难禁。"治国先治吏",董仲舒认为要实现政治的清正廉明,还必须建立一整套官吏选拔、任用与考核的制度。

西汉初年,实行的是任子制和纳赀制,即公卿大夫可以任子为官或捐纳资财为官。董仲舒对

---

[1] 关于义利问题的两句名言,《汉书》与《春秋繁露》中的表述不尽相同。《春秋繁露·对胶西王越大夫不得为仁》篇中说:"仁人者,正其道不谋其利,修其理不急其功。"

这种任子和纳赀制度表示明确反对。他认为这种选官制度实际上是为贪官污吏打开了方便之门，最终必将导致政权腐败而亡。为此，董仲舒主张选举与任贤，认为这才是合乎天道的。如《春秋繁露·官制象天》中说："天有四时，时三月；王有四选，选三臣。是故有孟、有仲、有季，一时之情也；有上、有下、有中，一选之情也。"在董仲舒看来，善良正直之人被选入官是天意所在；如果违背天意，选举任官不选贤、不任贤，上天就会通过冬温夏冷、寒暑失序等灾变予以警告和谴责。所以，为了将大批真正有才干的官吏选拔出来，董仲舒主张要"举贤良，进茂才"。他在给汉武帝的建议中提出要以贤取士："臣愚以为使诸列侯、郡守、二千石各择其吏民之贤者，岁贡各二人以给宿卫，且以观大臣之能；所贡贤者有赏，所贡不肖者有罚。夫如是，诸侯、吏二千石皆尽心于求贤，天下之士可得而官使也。遍得天下之贤人，则三王之盛易为，而尧舜之名可及也。"(《汉书·董仲舒传》)在董仲舒看来，如果推行这种制度，官吏们就会尽心求贤，天下的贤才就可尽入彀中了。所以，董仲舒注意从选官这一根本上来保证吏治的清廉，确实是一种究本溯源之举。

汉初以来，由于政府没有很好地实施对官吏的考核，致使出现了"廉士久失职，贪夫长利"的局面。对此，董仲舒提出了一系列加强对官吏进行考核的具体措施。《春秋繁露·考功名》中说："考试之法，大者缓，小者急，贵者舒而贱者促。诸侯月试其国，州伯时试其部，四试而一考。天子岁试天下，三试而一考，前后三考而绌陟，命之曰计。"从中可以看出，董仲舒主张要对各级官吏进行经常性的全面考核。由于地方基层的官吏直接面对百姓，处理各种事务，他们称职与否直接关系着百姓的生活，从而影响着百姓对朝廷的态度。因此董仲舒认为，对低级的地方官员的考察周期要短，地方大员（诸侯和州伯）要按月或季度来考察其下属，确保他们能尽职尽责。而天子对天下官吏每年一小查、三年一大考，三次大考后，根据九年的成绩，再确定升迁或处罚。此外，他还主张根据官吏的职位、爵等、功过确定官吏的考核，并将结果分为九个等级，不合格者罢黜，优秀者获得升迁。

总起来说，董仲舒的这些倡廉去贪的主张是系统而全面的，它对于保持官吏的清正廉洁、巩固大一统的中央集权具有积极的进步意义。

3. 刘向的"清廉"思想

刘向（约前77—前6），字子政，西汉经学家、文学家、目录学家。宣帝时，为谏大夫；元帝时，为宗正。因反对宦官弘恭、石显两次下狱，免为庶人。成帝即位后，任光禄大夫，改名为"向"。刘向著述颇丰，有《说苑》《新序》《列女传》《别录》等论著传世。其中，《说苑》一书二十篇（卷），主要辑录了自先秦至西汉时期的历史故事和传说，兼有作者的议论与见解，并对儒家政治思想和道德观念进行了具体阐释。

尤为值得一提的是，《说苑》中对"廉"范畴进行了颇多论述,是秦汉以来论"廉"最为集中的一部书。如《臣术》篇中有:"进不事上以为忠,退不克下以为廉。"《尊贤》篇中说:"非必与之临财分货,乃知其廉也;非必与之犯难涉危,乃知其勇也。举事决断,是以知其勇也;取与有让,是以知其廉也。"《敬慎》篇中有:"富有天下,自守以廉。"《谈丛》篇有:"义士不欺心,廉士不妄取""毒智者莫甚于酒,留事者莫甚于乐,毁廉者莫甚于色,摧刚者反己于弱"。《修文》篇中有:"薄而不挠,廉而不刿""丝声哀,哀以立廉,廉以立志"等。

刘向对"廉"的论述非常有见地。一方面,他从伦理道德角度出发,强调"廉"为一种高尚的道德情操,是圣人君子所必备的一种品质。在《立节》篇中就说:

> 王子比干杀身以成其忠,伯夷、叔齐杀身以成其廉,尾生杀身以成其信,此三子者,皆天下之通士也,岂不爱其身哉?以为夫义之不立,名之不著,是士之耻也,故杀身以遂其行。因此观之,卑贱贫穷,非士之耻也;夫士之所耻者,天下举忠而士不与焉,举信而士不与焉,举廉而士不与焉,三者在乎身,名传于后世,与日月并而不息,虽无道之世,不能污焉。然则非好死而恶生也,非恶富贵而乐贫贱也,由其道,遵其理,尊贵及己,士不辞也。孔子曰:"富而可求,虽执鞭之士吾亦为之;富而不可求,从吾所好。"大圣之操也。《诗》云:"我心匪

石，不可转也。我心匪席，不可卷也。"言不失己也。能不失己，然后可与济难矣，此士君子之所以越众也。[1]

在刘向看来，伯夷、叔齐是真正的"廉"者，是身处险境而"不降其志，不辱其身"的古之贤人，是"士者敬之，玩夫从之"的高洁之士。

另一方面，刘向又从政治的角度对"廉"加以审视，把"廉"与从政行为联系起来，认为"廉"是为官从政者必备的一种职业道德。其实，视"廉"为职业道德，古已有之，并非是刘向首创。如《周礼·天官》中有"六廉"之说，《管子·牧民》中有"国之四维"，秦简《为吏之道》中视"廉"为"五善"之一。但刘向在《说苑·政理》篇中却说："临官莫如平，临财莫如廉，廉平之守，不可攻也。"[2] 他认为，对于为官从政者来说，没有比公平更好的美德，面对资财没有比廉洁更好的操守。一个人如果能够拥有公平的美德和廉洁的操守，就可以经受住各种考验，就会坚不可摧，永远立于不败之地。可以说，刘向已经把"廉"范畴提升到一个很高的政治高度了。

刘向积极倡廉，对官吏贪腐极为厌恶。在他所编著的《烈女传》中，就对春秋时期晋国的叔鱼之贪、雍子之贿、邢侯之暴大张挞伐。前528年，楚人邢侯和雍子先后逃亡到晋国寻求政治避难。结果，他们两人在晋国因为争夺一块

[1] 刘向撰，向宗鲁校证：《说苑校证》，中华书局1987年版，第78页。

[2] 刘向撰，向宗鲁校证：《说苑校证》，第164页。

地而打起了官司。当时，晋国的代理大法官叔鱼审理了这个案子，认为争讼的过错在雍子，所以这块地判给了邢侯。但是，不甘心输掉官司的雍子就把自己的女儿献给了叔鱼。叔鱼在接受了雍子的美色贿赂后，马上改变了立场，于是又将地判给了雍子。这时，邢侯对其中的原委是心知肚明的，所以冲冠一怒，竟在朝堂之上将雍子和叔鱼当场杀死。刘向在书中记述到"遂族邢侯氏，而尸叔鱼与雍子于市"，这是"贪人败类"的一种必然下场。

此外，刘向在倡导清廉的同时，还十分反对奢侈。《新序·刺奢》篇中，列举了历史上的一些奢侈纵欲之事：夏桀筑瑶台，造酒池肉林；商纣王耗资无数建鹿台；魏王起中天台；齐宣王"为大室，大盖百亩，堂上三百户"；赵襄子"饮酒，五日五夜不废酒"；齐景公"饮酒而乐，释衣冠，自击缶"……刘向借当时的谏臣之口，对这些奢侈纵欲行为给予了批评，并且得出了奢侈纵欲必然导致亡国的结论。

那么，为官从政者应该如何清廉为政，避免因贪腐奢侈而亡国的命运呢？在刘向看来，首先统治者应该要做表率，弃贪尚廉。《说苑·贵德》篇中说："天子好利则诸侯贪，诸侯贪则大夫鄙，大夫鄙则庶人盗。上之变下，犹风之靡草也。"统治者好利的结果，那就是导致臣民自上而下的贪、鄙、盗。贪利纵欲，百害无一利，必须坚决拒绝。因此，为官从政者应该要"明贵德而贱利"，要不计小利、不贪小功，要有勇敢、勤苦、恬淡的素养。这样才能使得百姓信服，并且为老百姓作表率，为全社会树立起崇尚道德、清正廉明的风气。

其次，为官者要有敬畏百姓之心。为官从政者执掌国家权力，高居于百姓之上，必须戒慎警惕，就如用一根朽绳驾驭一匹奔马一样，若稍有不慎，必将脱缰而翻车。《说苑·政理》篇中说："'治国之道，爱民而已。'……故善为国者，遇民如父母之爱子，兄之爱弟，闻其饥寒为之哀，见其劳苦为之悲。"也就是说，为官者必须以富民、爱民为务，实行宽厚之政，藏富于民。若是为政苛刻、谎言欺骗、奢侈浪费、聚敛无度，必然会招致民怨而最终亡国。在《新序·刺奢》篇中，刘向讲述了邹穆公以秕子和糠喂鸟的故事：邹穆公是战国时期的明君，他节俭、尊贤、爱民如子，使得邹国大治。有一次，他下令喂食御苑里的鸟不能用谷子，要用秕子和糠。后来，仓库里的秕子和糠都没有了，他就让人用谷子去和老百姓交换，两石谷子才换得一石秕子。官员们认为，这样交换不合算，奏请用谷子喂养。邹穆公却回答说："你们根本不知道其中的道理。百姓们顶着烈日在田间耕作，勤劳而不懒惰，生产出来的粮食，难道是为了喂食鸟兽的吗？谷子，是人吃的上等粮食，怎么能用来喂鸟呢？你们只知道眼前小利，而不知长远大计。粮仓里装粮食的口袋漏了，粮食还是储存在粮仓里，只不过是从小器流入大器，国君是百姓的父母，把谷子转存在老百姓那里，难道就不是我的谷子了吗？鸟吃了邹国的秕子，就不会去损害邹国的谷子了。邹国的谷子，放在我的库府中与放在百姓那里，对我来说，有什么不同吗？"邹穆公的这番话，说的正是藏富于民的道理。所以,刘向也认为"富民乃富邦",为官从政者应该要培养自己的廉洁情操,不去与民争利。

再次,为官从政者还必须做到公正。刘向认为"公生明,偏生暗",公正是居官者最大的品德。何谓"公正"?他说:"彼人臣之公,治官事则不营私家,在公门则不言货利,当公法则不阿亲戚,奉公举贤则不避仇雠,忠于事君,仁于利下,推之以恕道,行之以不党。"(《说苑·至公》)意思是说,公正就是不以公事而售私恩,身在公门而不谋私利,不以亲情之私害公法,不避仇怨而举贤任能,对国君忠心,对老百姓仁爱,以天下之心为己心,也不去结党营私。刘向认为,对为官者来说,必须要做到执法公允、赏罚分明,不能以私害公。他说:"国家之危定,百姓之治乱,在君之行赏罚也。赏当则贤人劝,罚得则奸人止,赏罚不当,则贤人不劝,奸人不止。"(《说苑·君道》)

4. 东汉后期思想家们的清廉思想

东汉后期,政权急剧衰落,外戚宦官掌权,朝政异常黑暗,吏治极端腐败。面对这一社会现实,以王充、王符、仲长统、荀悦等人为代表,他们"指评时短,讨谪物情",对东汉后期的腐败政治进行了揭露与批判,并从不同角度提出了自己的倡廉反腐主张。

东汉后期,学者们仍然强调"廉"乃为官必备之品德。如王符在《潜夫论》中即言:"修身慎行,敦方正直,清廉洁白,恬淡无为,化之本也。"意思是说,为官者要具备行为谨慎、敦厚方正、诚实正直、清廉不贪、恬淡不争的品德,这样才能教化百姓、美化风俗。荀悦在《申鉴》中也强调说,居官者要勤勉、公私分明,不以私欲损害清廉之德,不以私费破坏制度之基石,不以私刑破坏道义之原则,不以私惠破坏公正之大道,不以私怨损伤仁爱之德行。那么,如何才能实现政治上的清正廉明呢?

首先,为政者要做到以身作则、率先垂范。桓宽在《盐铁论·疾贪》篇中就指出:"夫欲影正者端其表,欲下廉者先之身。故贪鄙在率不在下,教训在政不在民。"实际上也就是要求为官者应该要做到"上取有量,自养有度"(《盐铁论·取下篇》)。换言之,居于上位之官,必须要控制自己的私欲贪念,取予有度、奉养有度。在为官从政的实际过程中,还应该要做到"不求无益之物,不蓄难得之货,节华丽之饰,退利进之路,则民俗清矣"(《申鉴》)。也就是说,为官者要厉行节俭,不贪求无益之物,不蓄积难得之财,祛除奢华。

其次,为政者要坚持做到以民为本,富民教民。东汉时期的思想家们,继承了先秦以来的民本思想传统,把民众看成是国家兴亡的根本力量和治国成败的关键。"民为水,国为舟;水能载舟,亦能覆舟。"如果为政者忤逆民意、侵害民利、视民如草芥、置民于水火,必然会带来亡国之危险。因此,为政者必须要顺应民意,以民为本。正如《潜夫论·遏利》中所说的:"帝以天为制,天以民为心,民之所欲,天必从之。"那么,对为官从政者来说,如何才能做到以民为本呢?王符认为:"凡为治之大体,莫善于抑末而务本，莫不善于离本而饰末。夫为国者，以富民为本。"(《潜夫论·务本》)可以说，让老百姓过上富裕的生活是为官从政者的根本任务。具体来说，要富民，必须重视农业生产，"夫富民者，以农桑为本，以游业为末"（同上），如果废弃农桑，必然导致国家的贫困；要富民，还必须要爱惜民力，"治国之日舒以长，故其民闲暇而力有余；乱国之日促以短，故其民困务而力不足"(《潜夫论·爱日》)，若无端扰民，下殚百姓，必然导致民力枯竭。在富民的基础上，还应该要对人民施以教化。此外，在《爱日》篇中，王符还提到孔子"庶则富之，既富则教之"的思想。

再次，为政者要坚持做到选贤任能、唯才是举。王充在《论衡》中认为，选贤对国君来说，是一件非常重要的事情；如果国君好坏不分、贤愚不辨，那必然会导致整个社会的混乱。《潜夫论·实贡》篇中也说："国以贤兴，以谄衰；君以忠安，以佞危。"在王符看来，贤能之人在国家政治生活中具有举足轻重的作用，也是治国安民的重要因素；社会上"少廉而多贪"现象的出现，很重要的一个原因在于用人不贤。贤才对于国家而言，就如同药物对于病人一样重要，没有良药是医不好疾病的；同样，没有贤人也是治理不好国家的。所以，要实现国治邦安，必须要重用贤人。

那么，什么样的人才算得上是贤人呢？换言之，评判贤人的标准是什么呢？在王充看来，判断贤人与否，不能以才能是否出众或有无成就，而关键看其是否具有"善心"。一个人有善心，言行都会正确无误，治国治家都能合乎礼义要求；反之，一个人若无善心，就会是非不分、黑白颠倒，甚至危害社会。当然，王充所认为的"善心"，就是一种合乎礼义的主观愿望或主观动机，它与一个人所处的环境是贫困还是富贵无关，关键在于个人的修为。王符也认为，所谓的"贤人"，就是德才兼备之人，除了具有刚正不阿、克己奉公的品质之外，还应具有恕、平、恭、守"四行"和仁、义、礼、信"四德"。

  在选人方面，汉代以来实行了察举选官制度，想要选拔出真正的清廉之士，但这种选官制度存在着明显的不足，甚至后来出现了"举秀才，不知书；察孝廉，父别居；寒素清白浊如泥，高第良将怯如鸡"（《抱朴子·审举》）的局面。那么，应该运用怎样的选官制度才能确保整个官员队伍的清正廉明呢？对此，王符提出了"明选"和"考功"两种具体选贤措施。"明选"，就是"慎择其人"，也就是要把好选用人才这一关，在用人之前一定要慎重。王符说："国家存亡之本，治乱之机，在于明选而已矣。"（《潜夫论·本政》）"考功"，就是对被选任者进行任前实际考察，主要看其是否称职。王符认为："官长不考功，则吏怠傲而奸宄兴；帝王不考功，则直贤抑而诈伪胜。"（《潜夫论·考绩》）所以，必须要对官吏进行一番考察，辨其贤愚、忠奸、善恶，对贤能之人委以重任，对无能之辈予以摒除，进而实现"官无废职，位无非人"的局面。

  总起来说，东汉后期的思想家们提出的清廉思想与主张，是中国传统廉政文化遗产的重要内容，它对于整顿吏治和实现政治的清正廉明起到一定的积极作用,对于后世为政清廉思想的发展起到积极的影响。

三、秦汉时期的清官循吏及其嘉言善行

秦汉时期是中国传统廉政思想理论发展的重要时期,也是清正廉洁思想被为官从政者广泛践行的时期。这一时期,涌现出了以黄霸、张释之、第五伦、杨震等为代表的一批清官循吏之典范,他们的嘉言善行和高尚品格为风清气正社会局面的出现起到积极推动作用,也为后世官吏的为官从政树立了学习的榜样。

1. 勤政爱民的黄霸

黄霸(前130—前51),字次公,淮阳阳夏人,西汉名臣。黄霸年少时就喜欢学习法律制度,期待能在仕途方面有所发展。后来,黄霸先后出任过河南太守丞、扬州刺史、京兆尹、太子太傅、御史大夫等职,直至官居丞相之位。

黄霸为人善于观察且思维敏捷,待人接物温良谦让。他担任太守丞时,处事议政合乎法度、顺应人心,深得太守信任,老百姓也敬爱他。汉宣帝即位后,听说黄霸执法公平,便征召黄霸做了廷尉正。黄霸数次裁决疑难案件,大家一致认为他判得公平。在担任扬州刺史的三年里,黄霸勤于政务、爱民富民,颇有好的名声。为此,汉宣帝专门颁布诏书以表彰他的德行:"其以贤良高

第扬州刺史霸为颍川太守，秩比每二千石居。官赐车盖，特高一丈，别驾主簿车，缇油屏泥于轼前，以章有德。"当时，汉宣帝正专心于治理天下，多次颁布诏令，布施恩泽于民众，但有的官吏却秘而不宣，不让百姓知道。太守黄霸为此专门挑选了一些优秀的下属吏员，分赴各处去发布皇上诏令，让民众知道皇上的旨意。此外，他还让邮亭乡官都饲养鸡和猪，以便能赡养鳏寡贫穷之人；续又制订了条令教则，设置父老、师帅和伍长等基层小吏，由他们将其颁布、推行于民间，劝说百姓严防奸盗，安心于农耕蚕桑之业，节约使用货物资财，种植树木、蓄养牲畜，去掉浮华奢侈的浪费。

　　黄霸为官善于贴近民众、体察民情。有一次，黄霸想要秘密调查一件事情，就选派了一位老成持重的廉吏前往访察，并告知其绝不能泄露机密。廉吏依言而行，易服微访，途中不敢住在驿亭，饿了就躲在路边悄悄地吃些食物，忽然有一只乌鸦飞来抢走了他手里拿的肉。这一幕恰好被一个要到郡府呈报事情的人看到，于是就把此事讲给了黄霸。后来，那位廉吏回来拜见黄霸，黄霸迎上前去并慰劳他说："太辛苦了！在路上吃饭还被乌鸦抢走了肉。"廉吏大吃一惊，以为黄霸对他外出的起居情况都已知晓，所以对黄霸问及的调查结果便不敢有丝毫的隐瞒。倘若郡中有鳏寡孤独之人去世了而没钱安葬，由乡吏上书报告后，黄霸都能为他们分别进行妥善处理，告知某处有棵大树可以做棺椁之材、某亭有头小猪可以做宰祭之用，乡吏依令去取，果然都像黄霸所说的一样。

黄霸执法宽严相济、先教后罚。对从事基层工作的下属官吏，他都会优惠待之。许县的县丞年纪大了，耳朵也聋了，督邮建议黄霸将其辞退。黄霸却说："许丞廉吏，虽老，尚能拜起送迎，正颇重听，何伤？且善助之，毋失贤者意。"黄霸认为许县县丞虽然年纪大了，但是还能应付官场拜起送迎之事，这又有何妨呢？好好帮助他而不让有贤德之人失望。有人向黄霸请教其中之缘由，黄霸说："数易长吏，送故迎新之费及奸吏缘绝簿书盗财物，公私费耗甚多，皆当出于民，所易新吏又未必贤，或不如其故，徒相益为乱。凡治道，去其泰甚者耳。"在黄霸看来，官吏的频繁更换，不仅会徒增送旧迎新之费用，而且新官又未必贤于前任，那样只会徒增混乱，治民之道从根本上说就是凡事不要做得太过头了。

黄霸为政外宽内明，深得属吏民众之心，郡内人口逐年增长，社会治理成就斐然。当时，恰逢凤凰神鸟多次飞集到各郡国，尤以颍川郡为最。皇帝认为这是黄霸在颍川治理长久的吉兆，于是颁布诏书赞扬说："颍川太守霸，宣布诏令，百姓向化，孝子弟弟贞妇顺孙日以众多，田者让畔，道不拾遗，养视鳏寡，赡助贫穷，狱或八年亡重罪囚，吏民向于教化，兴于行谊，可谓贤人君子矣。"（该部分引文均见《汉书·循吏传》）为此，皇帝决定赐封黄霸为关内侯，奖励黄金百斤，俸禄为二千石。同时，颍川郡的孝悌贤良之百姓、乡官之中的三老等都分别被赐予数量不等的帛匹和级别不同的爵号。

可以说，黄霸为官持政宽和、奉职守法、体察民情、恪守治民、教化为先的为官之道，深受百姓爱戴。作为西汉前期的著名清官，黄霸不仅生前就已经有了美名，而且去世后许多史书对其也是极尽称道。《汉书·循吏传》中专门辟有关于黄霸事迹的列传。《资治通鉴·汉纪》中评论道："自汉兴，言治民吏，以霸为首。"人们通常会把黄霸与西汉的龚遂一同作为封建社会"循吏"的代表，并称为"龚黄"。

2. 刚直不阿的第五伦

第五伦（生卒年不详），东汉时期著名的清官，字伯鱼，京兆长陵人。第五伦年少时耿介而好义气。时值王莽末年，盗贼四起，宗族乡亲争着依附他。第五伦在险要之处修筑堡垒，抵御盗贼，保护族人。郡长鲜于褒欣赏第五伦的才干，将其征为自己的属吏。后来，第五伦又被京兆尹阎兴召为主簿。当时，长安负责铸钱的官吏多耍奸弄巧，阎兴就任命第五伦为督铸钱掾，管理长安的市场。第五伦一上任，就统一衡器、纠正斗斛，严惩不法之徒。此后，市场秩序大为改善，百姓欢悦叹服。

建武二十七年（51），第五伦被补任为淮阳国医工长。建武二十九年（53），第五伦被光武帝召见。光武帝向他询问政事，第五伦趁机对奏为政之道，光武帝非常高兴并暗自称许。第二天，光武帝又特地召见了第五伦入宫，与之相谈甚欢，一直谈到天黑。第五伦出京后，即被任命为扶夷县长。可是，还没等到第五伦到任，又被追任为会稽太守。第五伦虽为二千石一级的官员，但是还仍然亲自锄草喂马，让妻子下厨做饭。所得到的俸禄，也是仅仅留下一个月的口粮，其余的都低价卖给贫苦百姓。当时，会稽一带的人们喜欢占卜，建立了许多祀庙，常常杀牛祭神，由此给老百姓的财产带来了很大的损失。当地流传说，如果有人自己食用牛肉而不拿来去祭祀，那他在生病将死时，会先发出牛鸣的声音。所以，几任会稽郡的长官都不敢禁止杀牛祭祀的做法。第五伦到任以后，先给各属县发布文书，晓谕百姓，凡是巫祝有依托鬼神以诈术恐吓愚昧百姓者，都要捉拿问罪。胡乱杀牛的人，官吏都必须给予处罚。此后，会稽郡的百姓得以安定。后来，第五伦因事受到牵连，被召往京师。会稽郡的百姓攀住他的车子，拉着马，啼哭着跟随，每天只能走几里路，无法赶路。第五伦于是假装住在亭舍里，却暗中乘船离去了。众人知道后，又前来追赶。当第五伦被押于尉时，有上千名官民到京城上书为他求情。后来，汉明帝刘庄巡查廷尉监狱，审录囚犯，方知第五伦的确是蒙冤的，于是将其免罪释放。第五伦被放归田里，亲自下田耕种，不与官宦来往。

数年之后，第五伦又被迁升为蜀郡太守。蜀郡素有"天府之国"的美誉，田地肥沃，官民富裕，掾史家中的资财多至千万，都乘坐漂亮的车子，以高头大马驾车，很多人因为有财产得以担任官职。第五伦把家境丰足的官吏全部精简掉并遣送回家，改任孤弱贫寒有节操的人担任属吏。从此，争相贿赂之风便被禁绝，官员的职守得到整饬。他所举荐的官吏，很多都做到了九卿或二千石级的官，人们都认为他善于识别人才。任蜀郡太守的第七年，汉章帝继位，把第五伦从边远之郡调入朝廷，并任司空一职。章帝因为明德太后的缘故，尊崇皇舅马廖，让他们兄弟都居于要职。马廖等人倾心与达官显贵交往，官员士大夫争相前往依附。第五伦认为太后家族势力太盛，便想让朝廷削减他们的权力。于是，他冒死上疏表白意见。后来，马氏诸人因获罪而回到封国，窦氏一家又开始尊贵起来，尤其是虎贲中郎将窦宪，掌领禁卫军，经常出入宫廷，结交了许多品行不端之人。于是，第五伦又上疏汉章帝，建议"严敕宪等闭门自守，无妄交通士大夫，防其未萌，虑于无形，令宪永保福禄，君臣交欢，无纤介之隙"。（该段引文均见《后汉书·第五伦传》）

　　第五伦一心奉公，尽守节操，上疏论说政事从不违心阿附。他的孩子们经常劝他不要这样，他都予以训斥。吏员们上奏及直接上奏之事，他都封好上报，第五伦就是这样公正无私。第五伦天性质朴憨厚，没有文采雕饰，任职以贞洁清白著称，当时的人就把他比作前朝的贡禹。然而他对人对事却不太宽容，缺少威严仪表，因此受人轻视。有人问第五伦说："您有私心吗？"第五伦回答说："先前有人送我一匹千里马，我虽未接受，每次三公选拔举荐官员时，我心里都无法忘记此事，但始终没有任用此人。我哥哥的儿子常常生病，我一夜前去看望十次，回来后却安然入睡；我的儿子生病，虽然没去看望，却整夜难眠。这样看来，怎么可以说没有私心呢？"他接连以身老体病为由上疏请求辞去官职。元和三年，皇帝批准了他的请求，终身享有二千石级官员的俸禄，加赐钱五十万，公宅一所。第五伦为政多年，始终能够恪尽职守、奉公守节、刚正不阿，不愧为一代循吏之典范。

3."四知"先生杨震

杨震（？—124），字伯起，弘农华阴（今陕西华阴东）人。杨震少时父亲早亡，家道式微。但他聪颖好学，跟随太常桓郁学习《尚书》，通晓经术，博览群书，专心探究。当时的儒生称赞他为"关西孔子杨伯起"。杨震长居湖城，在那里以教书为生，淡泊名利，几十年都不答应州郡的礼聘。很多人都认为他年纪大了，应该出去做官，否则就没有机会了。杨震仍不为所动，不仕的志向更加坚决。后来，有一群冠雀衔了三条鳣鱼，飞栖在讲堂前面，主讲之人拿着鳣鱼对杨震说："蛇鳣是卿大夫衣服的象征，三是表示三公之职的意思，先生您要做官，今后必定能高升。"

大将军邓骘听说杨震是位贤能之人，于是举荐他为茂才。杨震开始进入官场，先后为政二十余年，历任荆州刺史、东莱太守、涿郡太守等职。元初四年入朝为官，担任太仆。不久，迁为太常。延光二年，升任太尉，掌管朝廷军事大权。

杨震为官廉洁自律、不谋私利。他从荆州刺史升任东莱太守时，途经昌邑县。时任昌邑县令的王密正是杨震任荆州刺史时所推举的茂才。听说恩人杨震要路过此地，王密亲赴郊外迎候。到了晚上，王密又前往驿馆拜会杨震，并且送上黄金十斤，说恩师难得光临此地，学生略备薄礼，以答谢知遇之恩。杨震却说："当初，我是因为你的才学才举荐你的。我知道你，你为什么却不知道我呢？"王密似乎没有理解杨震的意思，反而悄悄地说："现在是深夜，没有人会知道的。"杨震却说："天知、神知、我知、你知，怎么说没有人知道呢？"王密顿时无言以对，满面羞愧，赶紧收起金子惭愧地离开了。

后来杨震转任涿郡太守。杨震在任内公正廉明，不接受私人的请托和拜会。他的子孙布衣蔬食，生活俭朴，出门步行，不得乘坐公车。他的一些老朋友或长辈见他如此清廉，为官多年，家里清贫如故。于是，他们就劝杨震要为子孙多添置些产业。杨震却说："使后世称为清白吏子孙，以此遗之，不亦厚乎？"意思是说，让后世的人称他们为清白官吏的子孙，把这个好名声留给他们，难道还不丰厚吗？杨震清白传家的美誉，至今仍为人们所传颂。

杨震为官期间，选贤任能，唯才是举。元初四年（117），杨震被朝廷征召为太仆，又升任太常。此前，博士选举大多名不副实。杨震上任之后，极力纠正陈腐之风，唯才是举，推举了一批通晓经术、学识渊博的名士，如陈留、杨伦等人，传授其学业，受到儒生们的一致称赞。

杨震为官，秉公办事，刚直不阿。永宁二年（121），邓太后去世，汉安帝喜欢的一些人开始骄横起来。尤其是汉安帝的奶娘王圣，因为抚养安帝有功，依靠帝恩，无法无天。他的女儿伯荣出入宫中，贪赃枉法。身为司徒的杨震，毅然上疏汉安帝说："臣闻政以得贤为本,理以去秽为务。是以唐虞侯乂在官,四凶流放,天下咸服,以致雍熙。方今九德未事,嬖幸充庭。阿母王圣出自贱微,得遭千载,奉养圣躬,虽有推燥居湿之勤,前后赏惠,过报劳苦,而无厌之心,不知纪极,外交属托,扰乱天下,损辱清朝,尘点日月。"汉安帝将奏折给王圣等人看,她们都因而怀恨在心。当时,伯荣还与已故朝阳侯刘护的远房堂兄刘瑰勾搭成奸。刘瑰趋炎附势,遂娶伯荣为妻。汉安帝因此让刘瑰承袭了刘护的爵位,官至侍中。对此,杨震坚决反对,再次向安帝上疏。但是,汉安帝并没有采纳杨震的谏言。此外,杨震还因其他事情,又多次上疏汉安帝,言词激切,使汉安帝心中不悦。

不久,河间郡有一名叫赵腾的人到官门上书,批评朝政。安帝阅后非常生气,下诏将赵腾收捕入狱,对其进行严刑拷问,最后以诬惘安帝的罪名结案。杨震知道后,立即上书安帝准备营救赵腾。他说:"臣闻尧、舜之世,谏鼓谤木,立之于朝;殷、周哲王,小人怨詈,则还自敬德。所以达聪明,开不讳,博采负薪,尽极不情也。今赵腾所坐激讦谤语为罪,与手刃犯法有差。乞为亏除,全腾之命,以诱刍荛舆人之言。"汉安帝看了杨震的奏章仍不醒悟,将赵腾押赴都市斩首,弃尸街头。

延光三年(124),安帝东巡泰山,樊丰等人乘机修建房屋。杨震的掾属高舒召担任大匠令史稽查这件事。获得樊丰等人的假诏书,杨震写了奏书,要等安帝回来上奏。樊丰等人听说了,惶恐万状,就一起诬陷杨震说:"自赵腾死后,深用怨怼;且邓氏故吏，有恚恨之心。"等到汉安帝返回，在太学待吉日入宫时，晚上派使者收回了杨震的太尉印绶。杨震于是闭门不见宾客。樊丰等人还是恨他，竟请大将军耿宝上奏说杨震不服罪，心怀怨恨。汉安帝于是就下令将杨震遣送回原籍。

杨震走到洛阳城西的几阳亭，慷慨地对他的儿子、门生们说："死者士之常分。吾蒙恩居上司，疾奸臣狡猾而不能诛，恶嬖女倾乱而不能禁，何面目复见日月！身死之日，以杂木为棺，布单被裁足盖形，勿归冢次，勿设祭祠。"于是服毒而死，时年七十余岁。据说，在安葬杨震的十几天前，有一只大鸟高一丈多，飞到杨震灵前，俯仰悲鸣，泪流湿地，直到安葬完后大鸟才飞走。郡里将这一情况上报朝廷，加之当时灾异连续出现，汉顺帝感悟到杨震的冤屈，于是下诏说："故太尉震，正直是与，俾匡时政，而青蝇点素，同兹在藩。上天降威，灾眚屡作，尔卜尔筮，惟震之故。朕之不德，用彰厥咎，山崩栋折，我其危哉！今使太守丞以中牢具祠，魂而有灵，傥其歆享。"（该部分引文均见《后汉书·杨震列传》）

可以说，杨震一生忠君爱国、一心为公、不谋私利，真正做到了"性公廉，不受私谒"，是为官者学习的楷模。杨震身后，杨氏一门四世太尉，其家族成为东汉后期最负盛名的世家大族。杨震的清正廉明之风在后世子孙中代代相传，绵绵不绝。

第四章

分裂割据中的傲然挺立

自 220 年曹丕称帝起,到 589 年隋灭南朝止,这是中国历史上的魏晋南北朝时期。这一时期,除了西晋曾有过短暂的统一之外,一直处在南北对峙或交战的分裂割据状态中。北方的良田美畴长期遭受着战马铁蹄的践踏与蹂躏,而北魏、北齐、北周等少数民族政权也像走马灯似的,摇摆不定、更迭频繁。南方的东晋以及宋、齐、梁、陈诸政权也是吏治混乱、腐败丛生,均是短命而亡。可以说,长期的分裂割据和连绵不断的战争成为魏晋南北朝时期突出的政治特点。在此背景下,南方地区得到迅速开发,而中原地区的发展则相对缓慢,使得南北经济开始趋于平衡。在思想文化领域,玄学兴起,道教不断系统化,佛教与反佛教的斗争激烈,并且开始出现儒、释、道三教合流的迹象。

政治的动荡、吏治的混乱,致使南北朝各国贪污腐败现象不断滋生蔓延。西晋开国皇帝晋武帝司马炎带头卖官鬻爵,群臣亦不以卖官为耻。大大小小的贪官们挥霍无度、比攀斗富,如《晋书·石崇传》中就记载了世家大族石崇和王恺斗富的事情。东晋时期,在江东大地上逐渐建立起来的以司马氏为首的世家大族统治,腐败之风依然强劲。世家子弟或是依仗显贵的家世而平步青云,或是利用职权贪污聚敛。在此背景下,魏晋时期的统治者们,如曹操、诸葛亮、孝文帝等人,出于巩固统治的目的,不仅提出了许多清廉为政的思想,而且也采取了一些具体的倡廉惩贪举措;诸多封建的思想家们,如傅玄、葛洪等人,出于封建知识分子的使命担当,也提出了很多倡廉反贪的思想主张。这一时期,还出现了许多颇有影响的家训,如诸葛亮的《诫子书》和《与外甥书》、刘备的《敕后主辞》、嵇康的《家诫》、颜之推的《颜氏家训》等。这些家训不仅涉及了治家修身、求学处世等问题,而且还渗透着封建的廉洁教育思想。此外,这一时期还出现了一批清官循吏,如吴隐之、裴侠等人,积极践行着清正廉洁的为官之念,以他们的高洁之行为为官从政者树立起学习的榜样,也对魏晋南北朝时期"廉"德思想的发展起到积极推进作用,从而使"廉"范畴成为分裂割据态势中傲然挺立的一座道德丰碑。

一、魏晋南北朝时期统治者们的倡廉思想与举措

1. 节俭惩贪:曹操的廉洁思想

曹操(155—220),字孟德,三国时期著名的政治家、军事家、文学家,曹魏政权的奠基者。曹操出生于官宦家庭,二十岁时被举为孝廉,自此开始踏入仕途。他历任郎官、洛阳北部

尉、县令、济南相、校尉等职，为官期间，颇有政绩。建安元年（196），曹操迎汉献帝迁都许昌，取得"挟天子以令诸侯"的政治优势。建安十三年（208），晋升为丞相。赤壁之战兵败以后，专心经营北方。建安十八年（213），受封魏公。建安二十一年（216），汉献帝册封曹操为魏王。建安二十五年（220）病逝于洛阳，终年六十六岁，谥号为武王。曹丕称帝后，追尊其为武皇帝。曹操为政期间，大力倡导节俭，尚法严惩贪官污吏，积极举荐贤良之士，对于曹魏政权一定程度上的清正廉洁起到积极推动作用。

曹操一生提倡节俭，反对奢侈。史书记载，曹操"雅性节俭，不好华丽"，其"后宫衣不锦绣，侍御履不二采，帷帐屏风，坏则补纳。茵蓐取温，无有缘饰。攻城拔邑，得美丽之物，则悉以赐有功。勋劳宜赏，不吝千金"（《三国志·魏书》）。曹操倡导节俭，且自律甚严。他曾说："孤不好鲜饰严具，所用杂新皮苇笥，以黄苇缘中。遇乱世无苇笥，乃作方竹严具，以帛衣粗布作里，此孤之平常所用者也。"（《禁鲜饰令》）他无论是征战时期，还是到了晚年，所使用的被褥，都是只求保暖适用，不求华丽修饰。甚至在其临终所立的遗嘱中，曹操还告诉家人说："我死后，穿的衣服要像平常一样。安葬之后，文武百官就把丧服脱掉。不要用金玉珍宝随葬。"此外，曹操对家人和身边之人的要求也是非常严格的。当时，士族之家婚姻讲究排场，竞相攀比之风盛行，曹操对此深为忧虑。所以，他在嫁女儿的时候，仅用单色的皂帐作为陪嫁，随从的侍女也不过十人而已。曹操的夫人卞氏也是"性俭约，不尚华丽，无文绣珠玉，器皆黑漆"（《太平御览》）、"菜食粟饭，无鱼肉"（《三国志·魏书》）。有一次，曹植的妻子违令穿了锦绣衣服，恰巧被曹操看见了，竟下令让其自杀。军粮奇缺，用粮食酿酒会导致大量浪费，曹操专门发布禁酒令，严禁酿酒、酗酒。

可以说，正是曹操的以身作则，使得"节俭"在曹魏集团中蔚然成风。在这种氛围下，大多数官员都能做到节操清俊、恭俭自守。如执掌官吏选拔的崔琰，清忠亮洁，正色于朝；毛玠雅亮公正，在官清恪。俭以养廉，节俭有助于养成廉洁之德。王修是当时有名的忠义之士，曹操久闻王修的清正廉洁。曹军攻破南皮以后，在清点王修的家产时，发现王修家中只有谷物不满十斛，另有书数百卷。所以，曹操就感叹道：此人不是虚有其名啊！后来，曹操委以重任，让王修担任司金中郎将，主管盐铁生产。有的朝臣虽身居要职，但"妻子不免饥寒"；有的将领虽执掌大权，但"常粗衣恶食，俭以率下"；还有的官员因生前不置产业，致使死后"家无余财"。所以，出现了"天下之士莫不廉节自励，虽贵宠之臣，舆服不敢过度"的局面。在这种节俭风气之下，倘若有官吏穿着华丽的新衣或是乘坐着好车的话，社会舆论就会说他不廉洁。虽然曹操这样做未免有些流于形式，但不可否认的是，在建安时期的曹魏集团中的确形成了一股俭朴廉洁之风。后来的魏明帝曹叡，大肆征发力役，兴建宫室，百姓疲敝，农桑失时，导致许多官员的强烈不满。有的大臣督促明帝要以祖父曹操为榜样；有的大臣则以吴、蜀未灭为由，极言谏诤。面对朝野上下的一片反对之声，魏明帝也不得不对自己的行为有所收敛。曹操还大力整顿社会风俗，使质朴务实战胜了浮华虚誉，进而社会风尚积极向好，也有效地发挥了社会监督和澄清吏治的作用。

曹操不仅重视倡导节俭，而且还崇尚法律，注意运用法律惩治贪腐。在《度关山》中，曹操首先提出"立君牧民，为之轨则"，主张依法治理国家。曹魏时期，先后制定许多法律，加强了对官吏的约束与惩处。如《察吏六条》："察民疾苦冤失职者；察墨绶长吏以上居官政状；察盗贼为民之害及大奸猾者；察犯田律四时禁者；察民由孝悌廉洁行修正茂才异等者；察吏不薄人钱谷放散者。"[1]这六条具体内容中，除了有一条内容是在监察中同时举荐品行廉洁、才华优异者作为监察不法的补充外，其余的五条内容，都是针对监察官吏的贪贿不廉和违法失职行为而创设的。这些法律条文为官吏的廉洁从政提供了有力的保障。可以说，曹操尚法但不苛政。虽然重视法纪，对待贪污腐败者给予依法严惩，但他并不滥用法律，还反对滥用酷刑。他还说："夫刑，百姓之命也。而军中典狱者或非其人，而任以三军死生之事。吾甚惧之。"所以，曹操主张要"旁施勤教，恤慎刑狱，吏无苛政，民无怀慝"。(《曹操集·选军中典狱令》)

此外，为了保障官场的吏治清廉，曹操还

---

[1] 转引王春瑜：《中国反贪史》上，四川人民出版社2000年版，第293页。

主张举荐德才兼备的贤良之士。在建安十五年、十九年和二十二年，曹操曾先后三次颁布"求贤求才令"，招揽贤才。如在建安十五年春，曹操颁布的举才令中说："今天下尚未定，此特求贤之急时也。'孟公绰为赵、魏老则优，不可以为滕、薛大夫。'若必廉士而后可用，则齐桓其何以霸世？今天下得无有被褐怀玉而钓于渭滨乎？又得无盗嫂受金而未遇无知者乎？二三子其佐我明扬仄陋，惟才是举，吾得而用之。"（《三国志·魏书》）可以看出，曹操认为只要有真才实学即可被举荐而用。这里提到举荐之人必须有真才实学，并非曹操只重才不重德。其实，曹操用人的标准是既重才也重德的，尤其是廉洁之德。在选用人才时，把是否具有清廉品德作为重要依据。他所举荐之人，如荀彧、毛玠等人，均为清正廉洁之士。可以说，选才需选德才兼备、不尚虚名、清廉节俭之人，这都是曹操用人的标准。如曹操帐下谋士崔琰就是品行高洁之人。曹操称赞他有"伯夷之风，史鱼之直，贪夫慕名而清，壮士尚称而厉"。

　　总起来说，为了实现吏治的清廉，曹操采取了"以俭养廉""以法促廉"和"用贤保廉"等措施。曹操的这些促廉保廉思想与举措，很大程度上促进了曹魏时期吏治的清正廉明，如《三国志》中描述的："诸宰官治民，功绩不著而私财丰足者，皆免黜停废，久不选用。于时四海翕然，莫不励行。至乃长吏还者，垢面羸衣，常乘柴车。"

2. 德本法用：诸葛亮的廉政举措

诸葛亮（181—234），字孔明，琅琊阳都人，三国时期杰出的政治家、军事家。诸葛亮早年孤贫，后来为了避中原战乱，随家人南迁，隐居隆中。建安十二年（207），刘备"三顾茅庐"，迎至军中，拜诸葛亮为军师中郎将。刘备称帝后，诸葛亮被拜为丞相。后来，刘备临终托孤，诸葛亮辅佐后主刘禅达二十余年。诸葛亮以法治蜀、任人唯贤、赏罚严明，使实力相对弱小的蜀汉政权出现了政治安定、经济发展、政治清明、社会风气良好、百姓安居乐业的局面，形成了与曹魏、孙吴三足鼎立的态势。同时，诸葛亮的盛德懿绩也在中国历史的灿烂星空中熠熠生辉。当然，诸葛亮治理蜀国取得的巨大成功，很大程度上是与他廉洁为政的思想与举措分不开的。其具体措施，主要包括：

一是正己教人。诸葛亮说："上之所为，人之所瞻也。夫释己教人，是谓逆政；正己教人，是谓顺政。"所以，对为官从政者来说，正人必先正己，做好榜样。否则，就会政令不通，多生变乱。他反对为官者追求奢侈享乐，要求各级官员应该要清心寡欲，约束自己，勤政爱民。他认为，只有当统治者"不贵难得之货"才能"使民不为盗"，"不贵无用之物"才能"使民心不乱"；只有"制之以财，用之以礼，丰年不奢"，才能做到"凶年不俭"。其实，诸葛亮本人就是一个正己教人的典范。他注意约束自己，淡泊名利、廉洁奉公，对下级官吏起到了很好的表率作用。平时，诸葛亮"乘素舆，葛巾"，立身俭约，生活简朴，不讲排场。家人也过着清贫的生活，在《与李严书》中说："吾受赐八十万斛，今蓄财无余，妾无副服。"清人张澍读到这则史料后，不禁深有感慨地说："侯之妾乃无副服，其俭德可师矣。惜妾之姓不传。"此外，诸葛亮曾上表后主自曝家产情况："臣初奉先帝，资仰于官，不自治生。今成都有桑八百株，薄田十五顷，子弟衣食，自有余饶。至于臣在外任，无别调度，随身衣食，悉仰于官，不别治生，以长尺寸。若臣死之日，不使内有余帛，外有赢财，以负陛下。"（《诸葛亮集·临终遗表》）可以说，他的这份家产，仅相当于当时的一般地主。去世后，诸葛亮的家庭财产只有"桑八百株，薄田十五顷"。

此外，两汉以来，达官富商在身殁之后，盛行厚葬，夸耀乡里，以矜富贵。远在西陲的益州亦然，"蜀土富实，时俗奢侈""婚姻葬送，倾家竭产"。234年秋，诸葛亮身染沉疴，自知不起，便叮嘱家人死后要将其薄葬于汉中。《三国志》本传中就记述道："遗命葬汉中定军山，因山为坟，冢足容棺，敛以时服，不须器物。"诸葛亮的墓只相当于一般百姓的大小，即使在普遍薄葬的时代，也是最为俭朴的。可以说，诸葛亮主张薄葬，不需要任何殉葬品，这实际上恰是他一生主张廉政、勤俭节约思想的具体表现。可以说，正是在诸葛亮的克己奉公、廉洁努力下，蜀国官吏多能立身俭约，不尚奢华。如尚书令刘巴"躬履清俭，不治产业"，尚书令吕乂"历职内外，治身俭约"。社会上也逐渐形成了以节俭为荣、以奢华为耻的良好舆论与风气。

二是选贤任能。诸葛亮视用人为兴邦治国的关键，在《便宜十六策·举措》中，诸葛亮就说："夫治国犹于治身。治身之道，务在养神；治国之道，务在举贤。是以养神求生，举贤求安。故国之有辅，如屋之有柱。柱不可细，辅不可弱；柱细则害，辅弱则倾。"他还指出："若夫国危不治，民不安居，此失贤之过也。夫失贤而不危，得贤而不安，未之有也。"在诸葛亮看来，为政者只有举贤任能，才能实现政治的安定。当然，要"选贤"，必须先要"识人"。那么，怎样才能成为识得人才的伯乐呢？为此，诸葛亮提出了识人"七法"：其一，"问之以是非而观其志"，为官者在选用人才时，要有意去用各种大是大非的问题考察被举用人是否具有坚定的志向和主见；其二，"穷之以辞辩而观其变"，用言辞把被举用人逼到理屈词穷来考察他是否能够随机应变；其三，"咨之以计谋而观其识"，通过询问他计谋来考察他是否有远见卓识；其四，"告之以祸难而观其勇"，如实告诉他祸患的严重性来考察他是否能临危不惧；其五，"醉之以酒而观其性"，将其灌醉来考察他的品性；其六，"临之以利而观其廉"，把财物等物质利益放在他面前，看其是否廉洁；其七，"期之以事而观其信"，办事立下期限，看他是否守信用。这七种"识人"的办法，充分体现了诸葛亮"听其言而观其行"的求实态度。

那么，对所识之人应该如何选用呢？诸葛亮主张要坚持"任人唯贤"的原则，也就是要选用具有忠诚、坦率、廉洁等美德的贤士。"奸伪悖德之人，可远而不可亲也。"其用人坚持"外举不避仇，内举不避亲"的原则。刘巴（字子初，三国时期的名士）在赤壁之战前后曾积极帮助曹操招纳长沙、零陵、桂阳三郡，直接与刘备、诸葛亮为敌；后来又到益州劝刘璋抵抗刘备，仇怨甚深。可是刘备甫定益州，诸葛亮即一再称赞刘巴的贤能，劝刘备予以重用。同时，诸葛亮还坚持"量才器使"的原则。他说："为人择官者乱，为官择人者治。"可以说，蜀国之所以能够保持清平的政局，与贤能各得其所有着密切的关系。他使群才不拘一格、不抱成见。他任用了董和、赵云、黄权、李严等人，使他们的才能达到了充分发挥。他还注意从基层选拔人才，经过锻炼和考验予以提拔，而不是根据门第、资历、个人好恶等来选录人才。

　　三是威人以法。也就是说，诸葛亮主张依法严惩贪腐，以法促廉。诸葛亮治蜀之时，非常重视法律刑赏在廉政建设中的作用，奉行"威人以法""限之以爵"的政策。他说"赏罚之政，谓赏善罚恶也，赏以兴功，罚以禁奸"，并指出"赏罚不明，教令有不从；必杀可生，众奸不禁"。为了实现有效地法治治理，诸葛亮一方面强调修明法令，主张先令后诛。在他看来，要让人们遵照法律来办事，其前提是要有法可依。为此，他先后主持编纂了《蜀科》《法检》《科令》等法规。另一方面，还必须要做到赏罚必信、执法如山。诸葛亮认为，要让人们遵守法令，必须赏罚公平，要"无偏无党"。如果赏罚不正，那么就会导致"忠臣死于非罪，而邪臣起于非功"。所以，诸葛亮主张必须做到"赏赐不避怨仇""诛罚不避亲戚"。马谡本是诸葛亮的亲信谋士，且为诸葛亮襄阳同乡，其兄马良也是诸葛亮的好友。马谡自幼熟读兵书，通晓兵法，在平定西南的战役中，积极向诸葛亮献计献策，表现出了独到的战略眼光，深得诸葛亮赏识。但他守卫街亭时，因"违亮节度，举动失宜"，结果为曹军所败。最后诸葛亮不顾众人劝阻，依照军法坚决将其斩首，表现出了诸葛亮"赏罚必信"不可动摇的原则性。据《三国志·蜀书·廖立传》中记载：廖立，早年一直跟随刘备，不到三十岁时即被擢为长沙太守，并受到诸葛亮的器重，被誉为"楚之良才"。建安二十年（215），孙权遣吕蒙袭取荆州南部三郡，廖立却脱身逃走，而刘备并未深责，仍以之为巴郡太守，后来又征为汉中王侍中；后主刘禅袭位后，陟长水校尉。但是由于廖立一贯妄自尊大、目无朝廷，并大肆攻击朝廷的用人政策。所以，诸葛亮还是上表将其废为平民，并流放到汶山郡去从事农耕。

此外，为了实现吏治的清正廉明，诸葛亮认为还必须对各级官员提出严格的要求。因此，他又作"八务、七戒、六恐、五惧，皆有条章，以训厉臣子"。虽然其内容今已不存，但顾名思义，这是对官吏提出的基本为政要求。所谓"八务"，当系要求各级官吏于做好本职工作时必须完成的八项任务；至于"七戒""六恐""五惧"，显然是对人们应戒、应恐、应惧的各种情况提出警告，以免违法罹罪。由于诸葛亮廉正无私，执法如山，"善无微而不赏，恶无纤而不贬"，使得蜀中的社会秩序井然，其社会风气在三国中也是最好的。

总之，诸葛亮的以身作则，众多官员的效法追随，造就了一个廉政时代，使蜀汉成为三国时期公认治理得最好的政权。诸葛亮的廉政思想和实践，在历史上产生了深远的影响。当年蜀汉小吏就说："诸葛公在日，亦不觉异，自公殁后，未见其比。"北宋大文学家苏轼写道："西汉之士，多智谋，薄于名义；东京之士，尚风节，短于权略。兼之者，三国名臣也。而孔明，巍然三代王者之佐，未易以世论。"南宋大学者朱熹评论道："论三代而下，以义为之，只有一个诸葛孔明。"可以说，诸葛亮鞠躬尽瘁、死而后已的勤政精神，廉洁奉公的高尚情操，严于律己的崇高风范，是中华民族优秀传统道德的宝贵遗产，他的清明廉德在封建政治家中是极为罕见的。

3. 倡廉惩贪：魏孝文帝的廉政思想

魏孝文帝拓跋宏（467—499），北魏杰出的政治家、改革家，同时也是最富才学的封建帝王之一。他博览史传百家，尤精于儒家经典。在位期间，他励精图治、锐意改革。在廉政建设方面，孝文帝本人坚持做到以身作则，"性俭素"，从不铺张浪费；"廉谨自修"，在州有声绩，是百官的榜样。同时，他还积极地倡廉惩贪，使得官场贪污之风有所收敛，吏治得到有效澄清。大致来说，其倡廉惩贪的基本举措有：

一是实行班禄戒贪。俸禄是国家对官吏的酬劳。至迟在战国时期，中原的华夏王朝就已经建立了官吏俸禄制度。俸禄制的确立，较之以战争掠夺和按战功或事功进行赏赐作为社会财富再分配的主要方式，无疑是一大进步。同时，也有助于抑制官吏残暴的本性，限制官吏的贪欲。北魏前期，鲜卑族的官吏为官都是没有俸禄的，致使官吏们生活清贫。如吏部尚书崔玄伯就以"俭约自居，不营产业，家徒四壁，出无车乘"；另外，名臣高允"虽蒙宠待，而家贫布衣，妻子不立"，家中"惟草屋数间，布被缊袍，厨中盐菜而已"。"时百官无禄，允常使诸子樵采自给。"当时，大多数官吏往往会通过各种途径攫取财富，他们或掠夺搜刮，或贪污受贿，中饱私囊，吏治腐败。为了澄清吏治，北魏的统治者们也曾提出用苛法严惩贪墨，如献文帝就曾明确规定：只要官吏贪赃纳贿，数量超过一只羊、一觚酒，即格杀勿论。惩贪的力度较大，导致了人心惶惶、人人自危。孝文帝亲政以后，为了改变官场的贪腐状况，他一方面提出许多倡廉奖廉、澄清吏治的措施。如通过对官吏进行考核，将官吏是否廉洁奉公作为任免与升降的重要标准，对那些克己奉公的廉吏，通常会延长任期，并准予升迁；而对于那些贪婪无道者，自然要对其进行罢免或贬降。另一方面，他通过颁行俸禄的方法来戒除贪腐。太和八年（484），孝文帝正式颁布诏书，实行俸禄制度。诏书中写道："置官班禄，行之尚矣。《周礼》有食禄之典，二汉著受俸之秩。逮于魏晋，莫不聿稽往宪，以经纶治道。自中原丧乱，兹制中绝，先朝因循，未遑厘改。朕永鉴四方，求民之瘼，夙兴昧旦，至于忧勤。故宪章旧典，始班俸禄。"（《魏书·高祖纪上》）可以说，孝文帝实行俸禄制度，对防止官吏的贪腐行为有一定的积极作用，也为清廉的倡导提供了强有力的保障，使清廉之士免于饥寒。太和年间的重臣高闾就曾言："君班其俸，垂惠则厚；臣受其禄，感恩则深。于是贪残之心止，竭效之诚笃，兆庶无侵削之烦，百辟备礼容之美……今给其俸，则清者足以息其滥窃，贪者足以感而劝善。若不班禄，则贪者肆其奸情，清者不能自保。"（《魏书·高闾传》）可以说，高闾所言难免有臣子对君主的溢美之词，不过毋庸置疑，班禄之举使廉政工作具备了最基本的物质基础，其在孝文帝的廉政思想体系中的重要性不容忽视。

二是主张严惩贪腐。在坚持"厚禄养廉"的基本政策下，孝文帝还大张旗鼓地对贪赃枉法者进行依法严惩。孝文帝认为"治因政宽，弊由纲密"，还指出"律令不具，奸吏用法，致有轻重"。所以，他先后多次召集群臣修改旧文，随例增删。经过多次讨论与修改后，终于在太和十六年颁布新的律令——《北魏律》，这为依法惩贪奠定了坚实的法制基础与保障。就法律条文的具体规定而言，孝文帝惩贪的法律颇为严厉，如法律中规定"枉法十匹，义赃二百匹大辟"。当然，有法可依是前提，要在实际上收到成效，还必须做到执法必严、违法必究。孝文帝对贪官惩治，可以说是十分坚决的。不论是谁，即使是皇亲国戚也都一视同仁。如秦、益二州刺史李洪之是献文帝的舅舅，依仗这种特殊的姻亲关系，李洪之素不清廉，经常贪污受贿。当有司弹劾李洪之时，孝文帝便召集群臣共议，令李洪之在家自裁。当时，首都平城（山西大同）附近的怀朔、雍州和定州三个重镇经常发生骚乱。孝文帝就选用汝阳王拓跋天赐镇守怀朔，派南安王拓跋桢前去镇守雍州。临行前，孝文帝专门召见他们说："你们都是我的长辈，为国屡建功勋，现在任命你们前去治理边陲，一定不要玩忽职守，不要仗势欺人，不要贪污腐化。"后来，孝文帝又启用出身贫贱的赵海镇守定州。赵海到达定州以后，廉洁奉公，恪尽职守，在很短的时间内就把定州治理得井井有条，实现了百姓安居乐业。然而，拓跋天赐和拓跋桢二王依仗自己是皇亲国戚，有功于朝廷，根本不把孝文帝的告诫放在心里。他们到任以后，徇私受贿、专横跋扈、沉湎酒色、鱼肉百姓，致使民怨沸腾。孝文帝闻知后，经查证情况属实。于是，孝文帝就将二王召回京城。临朝之时，孝文帝首先当众自责用人不当，接着历述二王上任后贪赃枉法的种种劣行，当即剥夺了二人的王号，并交付法司严办。

三是加强对官吏选任与日常管理。孝文帝十分重视人才队伍建设，把人才视为立国富强之根本。在官吏的选任方面，孝文帝坚持做到委贤任能，不仅打破了民族界限，而且还超越了士庶界限，尤其重视对汉族人才的选用。如太和十九年（495），王肃从南齐投奔北魏。孝文帝对王肃的才华非常欣赏，对王肃所献经国之道、治乱之策，大加赞赏。于是，孝文帝对王肃委以重任，让其主持制定"官品百司"制度。此外，孝文帝不仅重视从世家大族中选拔人才，而且还委任一些寒门庶族人才，起用很多失意人才。如李彪，虽家世寒微，少时孤贫，但学识渊博，有刚辩之才、治国之术，遂受到孝文帝的重用。后来，李彪累官至御史中尉兼度支尚书。可以说，孝文帝不拘一格地广泛选拔人才，使胡汉各族大批富有才德之人进入了国家政权机构中。他们感念朝廷的知遇之恩，竭忠奉上，成为北魏统治集团中的基干力量。可以说，任人唯贤的职官选任制度，有力地提升了官吏队伍的整体素质，为防治官吏队伍的腐败构筑了第一道屏障。

在对职官的考课方面，孝文帝时期逐渐形成了一整套的官吏考课制度。据《魏书·高祖纪上》记载，延兴二年（472），孝文帝曾下诏说："《书》云：'三载一考，三考黜陟幽明。'顷者已来，官以劳升，未久而代，牧守无恤民之心，竞为聚敛，送故迎新，相属于路，非所以固民志，隆治道也。自今牧守温仁清俭、克己奉公者，可久于其任。岁积有成，迁位一级。其有贪残非道、侵削黎庶者，虽在官甫尔，必加黜罚。著之于令，永为彝准。"494年，孝文帝又下诏说："三载考绩，自古通经；三考黜陟，以彰能否。今若待三考然后黜陟，可黜者不足为迟，可进者大成赊缓。是以朕今三载一考，考即黜陟，欲令愚滞无妨于贤者，才能不壅于下位。各令当曹考其优劣，为三等。六品以下，尚书重问；五品以上，朕将亲与公卿论其善恶。上上者迁之，下下者黜之，中中者守其本任。"（《魏书·高祖纪下》）不难看出，孝文帝希望通过这样的措施，使德才兼备之人能通过正常渠道得到升迁，而才庸德劣之辈则会遭到罢黜，从组织上保证了官吏队伍的纯洁性。

此外，孝文帝还重视对官吏的监督，逐渐建立和完善监察机制。北魏前期，御史台等监察机构形同虚设，根本没有真正发挥实质性的作用。孝文帝专门颁布《御史令》，明确规定："（御史）中尉督司百僚，治书侍御史纠察禁内"，"中尉出行，车辅前驱，除道一里，王公百辟避路"。孝文帝希望通过此项措施，来进一步加强御史台的监察作用。太和八年（484），孝文帝派遣使者巡视各地，发现问题及时查处，处死贪官达四十余人。

可以说，孝文帝严惩贪官、褒奖廉吏，对促进北魏政权的廉政建设发挥了重要作用，促使地方官吏们逐渐收敛了自己的行为，奉公守法者也更爱自己的百姓，从而使其在位期间，吏治较为清正廉明。

二、魏晋南北朝时期思想家们的倡廉主张

1. 息欲重禄：傅玄的廉洁思想

傅玄（217—278），字休奕，北地泥阳（今陕西铜川耀州区东南）人，少孤贫，博学善属文。他历任散骑常侍、驸马都尉、御史中丞、太仆、司隶校尉等要职。《晋书·傅玄传》中说："（傅玄）性刚劲亮直……每有奏劾，或值日暮，捧白简，整簪带，竦踊不寐，坐而待旦，于是贵游慑伏，台阁生风。"傅玄崇尚儒家学说，反对浮华虚诞，力主用人唯贤，强调重农抑商，先礼后刑，明德慎罚，主张用儒家的德治、仁政来治理天下。著有《傅子》

百余卷,清人严可均辑为六卷,收入《全上古三代秦汉三国六朝文》之《全晋文》中,其内容虽已阙漏大半,但仍能从《重爵禄》《正心》《曲制》等篇章中窥见其"息欲""重禄"的清正廉洁思想。

傅玄主张为政者要"息欲"以养廉。他对魏晋时期官僚富豪们"被朱绣之衣,践雕玉之履","一首之饰盈千金之资"的奢侈腐化生活给予深刻揭露和猛烈批判,痛斥他们的贪欲无度。他认为,当时社会尽管是地广人稀,但是财物仍然不足,其根源就在于社会上的奢侈之风的滋生蔓延。所以,要想从根本上改变这一状况,为政者必须要率先垂范,先从自我做起。他指出"上立德而下服其化",统治者只有先立德,以其身教化百姓,才会上行下效。那么,为政者应该如何立德修身呢?傅玄认为,为政者首先要"息欲"。所谓"息欲",就是抑制奢华的物欲,即不要在生活和工作方面有过高过奢的追求。他说:"天下之福,莫大于无欲;天下之祸,莫大于不知足。无欲则无求,无求者所以成其俭也。不知足者,则物莫能盈其欲矣。莫能盈其欲,则虽有天下,所求无已,所欲无极矣。海内之物不益,万民之力有尽。纵无已之求,以灭不益之物;逞无极之欲,而役有尽之力。"(《傅子·曲制》)在傅玄看来,无欲是天下之福,不知满足是天下之祸,不知足就很难满足自己的欲望,即使拥有天下,也是欲壑难填。对于居官者而言,若欲望毫无止境,若为满足欲望而贪渎无极,就会招来祸端,危害政治和社会风化。

当然，傅玄还坚持认为"政在去私"，认为为官的基本品德就是祛除私欲，主张为政者应该要去私心，立公道。在傅玄看来，公与私是根本对立的，公道行，则天下之志通；私不去，必然导致公道亡。所以，傅玄主张做人做事都必须要出于公心。"有公心必有公道，有公道必有公制"，"惟公然后可正天下也"，只有事事以公，才能取信于天下。为政者只有做到公正无私、立公去私、刑赏合理，社会才能安定，天下才会太平。同时，为政者还要以"公法"限制"私利"，从而促使吏德清廉。为此，为政者必须做到唯贤是举。"举贤之本，莫大正身而壹其听。身不正，听不壹，则贤者不至，虽至不为之用矣。"（《傅子·举贤》）还要广招社会各行各业的贤才，求贤不避贵贱亲疏，不求全责备。

傅玄主张对为政者要"重禄"以保廉。傅玄认为，居官俸职者享有爵禄和富贵，一定要以品德、功业与之相配，不敢以贱德微功受重禄，更不能无德无功而虚受爵禄。居官者不用劳作就可以享有爵禄，就不应利欲熏心；既然享有重爵厚禄，就不应再贪渎谋利。假如专营私利，致使身陷囹圄，想保持原有爵禄也是不可能了。所以，为官者知此道理，就应该要做到仁爱谦让、清廉知耻，堵住贪鄙之路，熄灭嗜欲之情，真正做到清廉为政。因此，为了实现官吏清廉为政之目的，傅玄主张一定要重其爵禄。在傅玄看来，如果一个官员的俸禄微薄，自己几乎都不能养活自己，使父母妻子忍饥受冻。那么，在此种情况之下，官吏若是不营私利，那就是不讲骨肉亲情；但若是营私利，那就是知法犯法。如此一来，必然会导致骨肉怨恨，仁义之理渐衰。吏禄如若不重，即使像伯夷、叔齐那样的清廉之士也可能会犯禁。如果为官者的爵禄"厚足以炫宗党，薄足以代其耕"，再辅之以其他必要之措施，那么百官必然会敬其职。可以说，傅玄"重禄"以保廉的主张，在一定程度上或许可以降低官吏贪腐的可能，但是很多官吏贪污腐败并不仅仅是因为俸禄低下或因生活所迫而致，更多的是因为人们贪欲无度，不注意约束自己的思想与行为。所以，傅玄仅是强调用"厚禄"的方式来促使官吏实现廉洁从政，不可避免地带有很大的片面性或是理想主义色彩。

此外，傅玄还主张为官者要修心正身。傅玄认为，为官者能否做到修心正身，事关整个社会的风化问题。因为为官者心正才能身正，身正才能左右正，左右正才能朝廷正，朝廷正才能国家正，国家正才能天下正。如果整个社会风气不好，每一个为官者更应该要从自身修心正身做起，认识到这一点就不会愤世嫉俗、隐居厌世、人云亦云、随波逐流，而是从自身做起，不断完善自己、端正自己。为官者不要小看自身修为的力量，如果自身品德有问题，显达之时纵情用物，就会殃及天下，失去已拥有的一切；只有内心端正虚静，行动上有所节制而不胡乱作为，身为表率，才能引导天下走向正道。

总之，傅玄的廉政思想是我国古代廉政思想史中的宝贵遗产，他所提出的一系列廉政思想主张与建议，对于安定社会秩序、恢复发展经济起到积极促进作用。

2. 择人明法：葛洪的保廉举措

葛洪（约 283—363），字稚川，号抱朴子，丹阳句容（今江苏省句容县）人，两晋之际的著名学者、思想家。葛洪素性寡欲，无所爱玩，为人木讷，不好荣利，常闭门却扫，不善交游。葛洪文才甚高，十五六岁时即能创作出诗赋。他不慕仕途，多次放弃为官的机会，而一心归隐。葛洪一生勤奋好学，笔耕不辍，著述宏富。在《晋书·葛洪传》中，就对葛洪评价道："洪博闻深洽，江左绝伦；著述篇章，富于班、马。又精辩玄赜，析理入微。"仅就《抱朴子》内外篇十六余万言所展现的学识而论，《晋书》对葛洪之评价也绝非是虚誉。葛洪的大部分著作已经亡佚，所存的《抱朴子》内外篇是研究葛洪思想主张的重要资料。《抱朴子》中有大量倡廉、惩贪和举荐贤人的主张，充分体现了葛洪的廉洁思想。

《抱朴子·行品》篇中说："睹利地而忘义，弃廉耻以苟得者，贪人也。"在葛洪看来，"廉"是与"贪"相对的一个概念，其意思就是"不苟得""不贪""不得不义之财"。对于为官从政者来说，如何践行廉德，保证吏治的清正廉明呢？葛洪在《抱朴子·外篇》中就此而提出了自己的保廉思想：

一是主张选贤任能。在《外篇》中，葛洪对当时官吏选拔多有批评。如《吴失》篇中就批评道："秉维之佐，牧民之吏，非母后之亲，则阿谄之人也。……或有不开律、令之篇卷，而窃大理之位;不识几案之所置,而处机要之职;不知五经之名目,而飨儒官之禄;不闲尺纸之寒暑,而坐著作之地;笔不狂简,而受驳议之荣;低眉垂翼,而充奏劾之选;不辨人物之精粗,而委以品藻之政;不知三才之军势,而轩昂节、盖之下;屡为奔北之辱将,而不失前锋之显号;不别菽麦之同异,而忝叨顾问之近任。"当时,官吏选拔实行的是"九品中正制"。这种选官制度虽然也标榜要依据才能来分品,实际上首先看重的却是门第的高低。许多世胄公子、权贵之亲,虽然不学无术,却倚仗家族的权势而占据显赫的位置。进而导致了社会上阿谀逢迎、溜须拍马、结党营私、卖官鬻爵之风盛行。人们追求的不是道德学问,而是如何攀附权贵。葛洪对这种官场风气深恶痛绝,曾愤怒地说:"余徒恨不在其位,有斧无柯,无以为国家流秽浊于四裔,投畀于有北。"(《抱朴子·交际》)魏晋时代是历史上较为腐朽的王朝之一,豪门大族在仕途上的特权地位是这种黑暗腐朽的一个重要方面。所以,葛洪对此大张挞伐是切中时弊的。在用人方面,葛洪提出了"役其所长,则事无废功;避其所短,则世无弃材"的主张。也就是说,人才的任用要注意扬其长而避其短,这样方能实现人尽其才。

二是主张峻法以治吏。葛洪对道家的"无为而治"的思想主张并不感兴趣,认为"我清静而民自正,我无欲而民自朴"是一种不切实际的幻想。他在《用刑》篇中说:"道家之言,高则高矣,用之则弊。"葛洪认为,道家的思想主张在现实社会中是根本行不通的,他反对"纯仁"的"德教":"莫不贵仁,而无能纯仁以致治也；莫不贱刑，而无能废刑以整民也。"相反，葛洪对申不害、韩非等法家思想却是十分赞赏，甚至明确地提倡施行墨、劓、刖、宫、大辟五刑，认为"刑为仁佐"，要"以杀止杀"。在葛洪看来，单纯依靠君主的贤明和道德感召是达不到"道洽化醇"之目的的；施刑虽然"不美"，但正如"病笃痛甚"时"不得不攻之以针石、治之以毒烈"一样，是一种不得已而为之的手段。当然，对于德与刑的关系，葛洪也进行了一定的阐释。他指出："仁者，为政之脂粉；刑者，御世之辔策；脂粉非体中之至急，而辔策须臾不可无也。"（《抱朴子·用刑》）

此外，葛洪还主张为政者应该要注意涵养自己，提高自己的道德水平。他说："劳谦虚己，则附之者众；骄慢倨傲，则去之者多。"

总起来说，葛洪提出了"厚惠薄敛""举贤任才"的主张，强调要用德、理、仁、义来陶冶世风；他还提出依靠严密健全的法律制度保障官吏廉洁从政的思想主张，在一定程度上推动了魏晋时期封建官场的清正廉明。

三、魏晋南北朝时期家训中的廉洁教育

中国古代是一个典型的农耕文明社会，在世代传承的历史演进中，形成了"端蒙养，重家教"的传统。家教是伴随着家庭的出现而产生的一种重要教育形式，是一种长辈对子女施行的有关

道德、礼仪和生活规范的教育。关于家庭教育的最早记载出现在《尚书》中，如《康诰》《大诰》《无逸》《多士》等篇章中，均有许多关于周公训勉成王和伯禽应该如何做到克勤克俭的情况。魏晋南北朝时期，家庭教育发展更为成熟，出现了一批具有代表性的家教著作，如诸葛亮的《诫子书》和颜之推的《颜氏家训》等。这些家庭教育著作中就包含了大量的廉洁教育思想内容，在很大程度上也推动着中国传统廉洁思想的传承与发展。

1. 家教名篇：诸葛亮的《诫子书》

诸葛亮不仅自身生活俭朴、廉洁奉公，而且在对子孙的教育中也非常注意培养他们的这种清廉俭朴意识。诸葛亮早年无子，曾要求过继兄长诸葛瑾的次子诸葛乔。诸葛亮很注意教导子侄们要立志修身，在写给外甥庞涣的《诫外甥书》中就说：

> 夫志当存高远。慕先贤，绝情欲，弃凝滞，使庶几之志，揭然有所存，恻然有所感；忍屈伸，去细碎，广咨问，除嫌吝，虽有淹留，何损于美趣，何患于不济。若志不强毅，意不慷慨，徒碌碌滞于俗，默默束于情，永窜伏于凡庸，不免于下流矣。(《诸葛亮集》)

在诸葛亮看来，一个人应"志当存高远"，如果志向不刚强坚毅、意气不慷慨激昂，便会碌碌无为地拘泥于时俗，默默无闻地束缚于情欲，永远处于凡人之中，甚至沦为庸俗下流之辈。诸葛亮的家教名篇《诫子书》是五十四岁的诸葛亮临终前写给八岁儿子诸葛瞻的一封关于治学修身的家书。《诫子书》中说：

> 夫君子之行，静以修身，俭以养德。非澹泊无以明志，非宁静无以致远。夫学须静也，才须学也，非学无以广才，非志无以成学。淫慢则不能励精，险躁则不能治性。年与时驰，意与日去，遂成枯落，多不接世，悲守穷庐，将复何及！

《诫子书》全文仅短短八十六个字，可谓短小精悍，但言简意赅，文字清新雅致，不事雕琢，说理平易近人。它不仅生动地展现了诸葛亮品格高洁、才学渊博的形象，也淋漓尽致地表达了诸葛亮对儿子的殷殷教诲与无限期望。诸葛亮以政治家的胸襟和远大的目光，结合个人的切身经验，教育子孙后代要从修身养德做起，立志勤学，为将来报效国家、建功立业做好准备。诸葛亮在书信中强调要"澹泊"自守，"宁静"自处，在"澹泊"与"宁静"的自身修养上狠下功夫，这是陶冶高尚情操、树立远大志向的前提。诸葛亮告诫儿子，宁静才能修养身心、静思反省，一个人如果不能安定清静，就不能为实现远大理想而长期刻苦学习。他还告诫儿子要节俭，以培养自己的德行，只有保持俭朴的生活，才能不被物质所奴役；要学得真知，就必须使身心在宁静中研究探讨；如果不下苦功夫努力学习，就不能增长与发扬自己的才干；没有坚定不移的意志，就不能使得自己的学业成功。诸葛亮还教育儿子，要切忌心浮气躁、举止荒唐。在《诫子书》的后半部分，诸葛亮则以慈父的口吻，谆谆教导儿子"少壮不努力，老大徒伤悲"。"年与时驰，意与日去"，与其为了过去而悲伤悔恨，不如抓紧现在的时间，好好用功。

《诫子书》是一篇充满智慧之语的家训，是古代家训中的一篇名作，也是后世学子修身立志的名篇。它所阐述的修身养性、治学做人的深刻道理，读来发人深省。"澹泊明志、宁静致远""静以修身、俭以养德"的庭训，教育和激励着诸葛裔孙们宁静务实、积极进取、自强不息。在诸葛亮的言教与身教熏陶下，他的子孙后代们大多德才兼备、忠君爱国。263年，魏将邓艾大举攻蜀，诸葛亮之子诸葛瞻督军与魏战于绵竹。邓艾遗书诱降，他怒斩来使，后来他战败临难死义，年仅三十七岁。诸葛瞻长子诸葛尚亦不负国之重恩，驰赴魏军而死。对此，史学家评论道："瞻虽智不足以扶危，勇不足以拒敌，而能外不负国，内不改父之志，忠孝存焉。"另据浙江兰溪《诸葛氏家谱》记载，明清两代，兰溪诸葛八卦村科第蝉联：共有进士5人，举人11人，分别占兰溪全县同期进士和举人总数的5%和4.8%；各类贡生43人，仕途出身的官吏多达50人。在《兰溪县志》上有列传的16人，列入人物传略的23人，真可谓群星灿烂、光彩照人。[1]

1 / 徐宪忠：《诫子书——流芳千古的廉政文化》，《浙江日报》，2005年11月6日第5版。

可以说，他们积极继承先祖遗风，公而明察，廉而生威，勤于职守，自律慎独，甘于清贫，留下了官声美名，赢得了后人的敬仰与称颂。《诫子书》不仅是诸葛氏家训，也是中国传统家规中的瑰宝，给后人以深刻的教育启迪。

2. 家训典范：颜之推的《颜氏家训》

颜之推（531—595）是南北朝时期著名教育家、文学家，为了"整齐门内，提撕子孙"而作《颜氏家训》，全书共七卷，二十篇。颜之推出身于门阀士族，生活在分裂割据、战乱频仍的南北朝时期。从年少为官，到中年后身居高位，颜之推一生担任过四朝的官员，三次成为"亡国之人"，饱尝丧家离乱之苦，亲历宦海沉浮之难。所以，在《颜氏家训》中，颜之推将个人的人生经历、思想学识与处世哲学融入其中，告诫子孙后代应该如何修身、治家、处世、为学等。《颜氏家训》文风质朴明快，说理深刻，有"篇篇药石，字字龟鉴"之誉。

其一，《颜氏家训》将读书与做人作为家训思想内容的核心。颜之推把圣贤之书的主旨归纳为"诚孝、慎言、检迹"三个方面。如《颜氏家训·勉学》篇中就说："若能常保数百卷书，千载终不为小人也。"[1]"夫所以读书学问，本欲开心明目，利于行耳。"[2]在颜之推看来，读书修身可以为君子，可以使人心清目明。他还说："幼而学者，如日

---

1 / 王利器撰：《颜氏家训集解》，中华书局1993年版，第148页。

2 / 王利器撰：《颜氏家训集解》，第165页。

出之光；老而学者，如秉烛夜行，犹贤乎瞑目而无见者也。"意思是说，人无论年龄大小，都应该读书学习，在幼儿时期学习，就如太阳初升，光芒四射；老年时期学习，就如同拿着蜡烛夜行，总比闭上眼睛什么也看不见好。

其二，《颜氏家训》确立了家庭教育的各项准则。父母是子女的楷模，教育子女，父母先要以身作则。《颜氏家训·治家》篇开篇即言："夫风化者，自上而行于下者也，自先而施于后者也。是以父不慈则子不孝，兄不友则弟不恭，夫不义则妇不顺矣。"[1] 颜之推认为，教育感化之事，是从上而下推行的，是自先而后影响的。如果父亲不慈爱，子女就会不孝敬；如果哥哥不友好，弟弟就会不谦恭；如果丈夫不仁义，妻子就会不温顺。再如，他还告诫子孙们要勤俭持家，去奢行俭。如在《颜氏家训·治家》篇中就说："可俭而不可吝已。俭者，省约为礼之谓也；吝者，穷急不恤之谓也。今有施则奢，俭则吝；如能施而不奢，俭而不吝，可矣。"[2] 此外，在婚姻问题上，还要做到"勿贪势家"，反对"贪荣求利"。务实求真，不求虚名，摒弃"不修身而求令名于世"的行为，"名之与实，犹形之与影也。德艺周厚，则名必善焉"。杜绝迷信，绝对不谈"巫觋祷请"之事，"勿为妖妄之费"。

其三，《颜氏家训》告诫子女们要有廉耻之心。《颜氏家训》中讲了这样一个故事：北齐时期，有一位士大夫，为了让自己的儿子将来能

[1] 王利器撰：《颜氏家训集解》，第41页。

[2] 王利器撰：《颜氏家训集解》，第42页。

够做官，就让他学鲜卑族语言和弹好琵琶。然后，凭借着这些去讨好那些鲜卑族出身的公卿贵族。对此，颜之推是非常不屑的，他认为这样会迷失人生方向，是一种不顾廉耻的行为。他们即使能够通过这样的方式做到卿相之位，也是不可这样去做的。

总起来说，《颜氏家训》是中国历史上第一部内容丰富、体系宏大的家训，是中国古代家庭教育理论的重要内容。它"述立身治家之法，辨正时俗之谬"，被誉为"家教典范"。《颜氏家训》中所体现出的家学之美、家教之善、家风之清，有助于培养官员清正廉洁的作风。因为它使得从南北朝到宋元明清时期，颜氏家族人才辈出，培养出一代又一代的在才学、操守和为官之道方面均有卓越表现的颜氏子孙。同时,《颜氏家训》也对中国古代家训的发展产生了巨大而深远的影响。唐代以后出现的许多家训，大都取材于其中。许多著名人物，如岳飞、文天祥等也都曾深受《颜氏家训》的影响。所以，明代学者王三聘就称赞《颜氏家训》说："古今家训，以此为祖。"

四、魏晋南北朝时期廉吏之典范

1."忠清名吏"胡质

胡质（？—250），字文德，三国时期寿春（今安徽寿县）人。年轻时，胡质、蒋济、朱绩等人就是江淮一代颇有名望之人。一开始时，胡质在州郡担任低级的官职。据《三国志·魏书》记载：有一次，身为州郡别驾的蒋济去见魏太祖曹操。曹操向蒋济问起："仁厚长者胡通达是否有子孙后代？"蒋济告之说："胡通达有个儿子叫胡质，虽然规模大略比不上他的父亲，但是在精良综事方面却超过他的父亲。"于是，曹操就召见了胡质，并且任命他为顿丘令。

后来，胡质又担任了丞相府东曹议令史。当时，有一个叫张辽的将军与其护军武周有矛盾。张辽想请胡质前去任职，胡质却借口有病而推辞。张辽想设法去说服胡质。胡质却回答说："古人交往，对方虽拿得多，却知其不贪；虽打了败仗，但知其并不怯懦；听到他人的流言蜚语却不去相信，这样才可善始善终。武伯南是一位高雅之士，先前的将军都对其赞不绝口，如今却因一点小误会而结怨成仇。何况我才识浅陋，怎么能做到和您长久友好相处呢？所以，我才不答应您的请求。"可以说，胡质的一番话深深地感动了张辽，也促使其与武周和好了。曹操听说了此事之后，就决定征召胡质为丞相掾属。

黄初初年，胡质出任东莞郡（今山东沂水县、莒县北部一带）太守。在东莞任太守的九年间，胡质勤政廉洁，克己奉公，治理有方，使得吏民皆安。由于政绩突出，胡质多次受到朝廷赏赐。但是，胡质却从不归入私囊，而是将所赐之物全部分发给下属，深受部下爱戴。

胡质不仅清廉为政，而且勤俭持家。生活中胡质十分俭朴，并以此来教育子女。他在荆州任刺史期间，因远离家乡又不带家眷,有时候忙于公务而疏于与家里人进行书信联系。他的夫人十分惦念,就让儿子胡威前去探望。由于胡质不置家产,所以家中并无车马僮仆,胡威只好孤身一人,骑着毛驴前往荆州。在荆州相聚半月后,因怕打扰父亲公务,胡威便提出要回家,胡质也并未挽留。临行前,胡质拿出一匹丝绢送给儿子当作盘缠。其实,由于父亲的熏陶与影响,胡威也早已养成廉洁自律、公而忘私的品德。所以,胡威就惊讶地问向来清高的父亲,这匹丝绢从何而来?胡质告诉儿子胡威,这是用自己的俸禄买来的。胡威这才放心地收下父亲所送之物。当时,胡质的一位部下对胡威只身还乡放心不下,就借口回家探亲而先行一步。随后,又在荆州城外等着胡威。等到胡威赶上来后,他又主动提出与胡威结伴而行。一路上,他对胡威照顾有加,使得胡威心生疑虑。在反复追问下,胡威才获知那个人是瞒着胡质而来特意照顾自己的。胡威深感不安,断然决定将父亲所送之丝绢赠予那个人,并与其分手。胡威还写信给父亲,将此事告诉胡质。胡质收到信后,不仅严肃地批评了那位属下,并且还将其革职。

  胡质个性沉稳、思虑周密,凡是与其共事的官民都对其留有深刻的印象,感念他的为官从政与为人处事。魏齐王嘉平二年(250),胡质因病去世。当时,胡质"家无余财,惟有赐衣书箧而已"。魏齐王嘉平六年(254),朝廷下诏书追思胡质高洁清廉的行谊,下令追赐"谷两千斛,钱三十万"。后来,胡威为官,屡迁至太守、刺史、尚书,其清廉正直,与其父不相上下,被人们称颂为"父子清官"。

2. "酌泉明志"的吴隐之

吴隐之（？—414），字处默，濮阳鄄城人，东晋时代有名的廉吏。他幼年丧父，家境贫寒，勤奋好学，天资聪颖，貌美姿容，操行端正，所以很早就获得了"儒雅之士"的美名。后来经人推荐，吴隐之出任"辅国功曹"，由此开启了仕途之路。随后，吴隐之的官职不断升迁，先后出任过晋陵太守、中书侍郎等职。

东晋时期的岭南，地处偏远，交通不便。但是，由于这里濒临大海，气候暖湿，物产丰饶。水稻一年两熟，民众自给有余，纺织品和珠宝、香料等名贵物产也颇为丰富。所以，历来在此为官者，大都会禁不住物质的诱惑，加之天高皇帝远，致使岭南地区的官场上贪污成风，百姓也是怨声载道。晋安帝时期，朝廷决心要整治岭南官场的这种贪鄙风气，就委派了素以廉洁而著称的吴隐之出任广州刺史。

当时，距广州城二十里的西北郊外，有一个名叫石门的小镇。石门镇有一眼泉水，当地人将其称为"贪泉"，因为在当地流传着这样一个说法：只要喝了贪泉里的水，贪心就会产生，即使原本为官清廉之人，也会因此而变得贪得无厌。所以，过往石门的官员，无论怎样口干舌燥，为了能够博得清廉之名，都不敢去饮贪泉之水。吴隐之赴任广州刺史途中，经过石门，正值口渴难忍。他恰巧碰见有一眼泉水清澈见底，便想上前饮用。这时，附近有一位长者急忙上前相劝，说此泉之水不能饮，并且告知其缘由。吴隐之听罢，哈哈一笑，并对随行的人说："人只要不存贪念，心就不会乱的。岭南的官员不清白，我是知道的。"于是，他就走到泉边，掬水而饮，并当即赋诗一首：

　　　　古人云此水，一歃怀千金。试使夷齐饮，终当不易心。

　　这就是传诵至今的《酌贪泉》。在这首诗中，吴隐之以伯夷、叔齐作为自己学习的楷模，表达了他坚守操节、清廉节俭的决心。以此告诉世人，一个人贪与不贪，并不在于他是否饮用了此泉之水，而取决于他的内心是否有贪欲之念。

　　吴隐之到达广州后，始终牢记自己在"贪泉"边所作的那首诗，时常提醒自己要廉洁自律，不可有丝毫的奢华。在广州担任刺史期间，吴隐之从来不吃山珍海味，不沾酒肉，平常吃的也不过是一些蔬菜配以干鱼之类的普通饭菜。他还下令将前任刺史所使用过的丝帐、帷幕以及各种贵重饰物全部撤除，一并存入府库。吴隐之平常的穿着极为简单，家人穿着的也都是往日的衣衫。

　　吴隐之手下有一个侍从，很会察言观色。他发现吴隐之天天吃鱼干，就误以为主人爱吃鱼。于是，他便弄了一些上等的鱼来，还把鱼刺剔掉，只剩下鱼肉，特地送给吴隐之。吴隐之向来非常反感这类奉承谄媚的小人。对此，他不但不领情，而且还狠狠地批评了这个侍从。随后，吴隐之又把他辞退了。针对此事，吴隐之还专门严正地警告属下说:"你们要以身作则,不吃请、不受贿,如若再发生此类事情,一定会严惩不贷。"有一天,吴隐之处理完公务后,与妻子刘氏在湖畔水榭赏景。刘氏乘兴递给吴隐之一包沉香。吴隐之接过后,见是奢侈之物,便不假思索地将其抛入湖中。

吴隐之在广州为官期间,除了严格要求自己始终做到廉洁俭朴外,还积极地除旧布新、兴利除害,严惩了一大批贪官污吏和不法商人。经过吴隐之的严厉整肃,大大小小官吏均能谨小慎微、奉公守法,不敢越雷池半步。当地的习俗也渐趋淳朴,百姓们安居乐业。

晋安帝获悉此况后,十分高兴,特地下诏表彰吴隐之。诏书中称:"夫孝行笃于闺门,清节厉乎风霜,实立人之所难,而君子之美致也。龙骧将军、广州刺史吴隐之孝友过人,禄均九族,菲己洁素,俭愈鱼飧。夫处可欲之地,而能不改其操,饷惟错之富,而家人不易其服,革奢务啬,南域改观,朕有嘉焉。"[1]加封吴隐之为前将军,并赐钱五十万、谷一千斛。

吴隐之在广州任刺史两年多,当他返回建康时,仍旧是两袖清风。当时,他一家人挤在几间用茅草搭建的简陋房子里。有客人来访时,妻儿们竟无回避之处。朝廷见其生活贫困,准备赐他耕牛、车乘,为其营建住宅,均被吴隐之一一拒绝。

后来,吴隐之又被朝廷任命为掌管国家财

[1] / 房玄龄等撰:《晋书·良吏·吴隐之传》卷九十,中华书局1974年版,第2342页。

政大权的度支尚书,兼任太常。这时的吴隐之位居高官,但廉俭之风不改。当时,官府通用绣屏、玉屏为屏风,而他却用竹篷当作屏风,连坐的毡席都没有。之后,吴隐之又迁任中领军。他每月领了俸禄,除留下必要的家用外,其余都赈济给亲戚、族人。而自家有时反会陷入困窘,有时一天只吃一顿饭。家人穿的衣服都是他夫人亲手纺织、缝制的布衣,他居家穿的衣衫上也常常打着补丁,妻子从不私用他一点儿俸禄。吴隐之生活的时代,达官贵人沉湎酒色,疯狂聚敛财富。吴隐之为官四十余年,拒腐杜贪、清廉俭朴的操行一直贯穿始终,实在是难能可贵。吴隐之清廉为官,历来受到后人所赞颂,如唐初王勃的《滕王阁序》中就留有"酌贪泉而觉爽,处涸辙以犹欢"的诗句。

3. "以俭持身"的裴侠

裴侠(?—559),字嵩和,河东解人。裴侠少时志识聪慧,异于常童。十三岁父亲去世时,谈吐举止已如成人。不久,裴侠即被召为州主簿,又被举荐为秀才。自此,裴侠开始步入仕途。他先后担任义阳郡守、东郡太守、丞相府士曹参军、河北郡守和鄢州刺史等职。裴侠历经北魏孝文帝、西魏和北周三个朝代,官至公卿,虽身居高位却不失其志,始终为官清廉,爱民如子,生活俭朴。

裴侠既是一位骁勇善战的大将,也是一名声名远播,深受百姓爱戴的清官廉吏。他继承祖上清廉传统,清廉为官,身体力行。裴侠担任河北郡守时，清廉自守，克己奉公，生活俭朴。《周书·裴侠传》中就说："（裴侠）躬履俭素，爱民如子，所食唯菽麦盐菜而已。吏民莫不怀之。"按照当时河北郡的旧制，郡守是有包括渔夫、猎人在内的三十个人专门侍奉其饮食的。裴侠获知后说，为了满足自己的口腹之欲而去役使那么多人，这会让他内心不安的。于是，裴侠就把这些人全部裁去。此外，他还裁撤了专供郡守一人役使的三十名丁夫。经过裴侠的治理，当他离任之时，河北郡内已财物储备丰盈，裴侠本人也深受百姓爱戴与敬佩。于是，当时就流传着一首歌谣，称赞裴侠说："肥鲜不食，丁庸不取，裴公贞惠，为世规矩。"（《周书·裴侠传》）

裴侠的堂弟裴伯凤、裴世彦当时都在丞相府任僚佐。有一次，他们见裴侠虽已为官多年，但两袖清风，于是就嗤笑他说："人生在世，做官进取，为的是功名利禄，像你这样清苦为官，究竟是为了什么呢？"裴侠回答说："夫清者莅职之本，俭者持身之基。况我大宗，世济其美，故能：存，见称于朝廷；没，流芳于典策。今吾幸以凡庸，滥蒙殊遇，固其穷困，非慕名也。志在自修，惧辱先也。"裴侠的一席话，说得两个堂弟羞愧难当，无言以对。

裴侠升任户部中大夫之初，官场贪婪之风颇为盛行。户部主管仓库储备的官吏之中，多是些奸猾之辈，他们经常会利用职务之便私吞财物，常年累计隐瞒竟达千万之多。所以，裴侠就想方设法去堵住管理中的漏洞，并严加追查，一一将查出的贪官污吏绳之以法。很快，他就刹住了贪污盗窃之风，仓库秩序从此井然。

有一次，裴侠病重，大司空宇文贵、小司空申徽前来探望，见裴侠所住草屋透风漏雨，他们回去后向皇帝如实禀报。皇帝怜悯裴侠的贫苦，为他营造了一所宅第，并赐田十顷，还有耕牛、粮食等物品。

可以说，裴侠不仅自身清廉俭朴，而且为官秉公执法、尽职尽责，在当时的官场上是不多见的。北周武成元年（559），裴侠在任上病逝。朝廷追赠他为太子少师、蒲州刺史，谥号"贞"。

第五章
封建盛世下的制度化发展

隋唐时期是中国封建时代最为强盛的时期。历经魏晋南北朝三百余年的分裂,中国社会再度实现了统一。在隋唐统治者们的励精图治之下,中国的政治、经济、文化和科技都达到了前所未有的发展水平,整个社会呈现出空前繁荣的盛世局面。这一时期,法律体系和典章制度日臻完整与严密,为"廉"范畴的发展提供了制度上的保障。以唐太宗李世民为代表的封建皇帝们,不仅重视廉洁自律,而且还制定《帝范》《臣规》等行为规范,对封建君臣的日常行为加以约束;魏徵、陈子昂等贤臣良吏也积极践行"清廉"的为官之道。所有这些都为中国传统廉洁文化的继续发展起到积极推动作用。

一、律令格式中的促"廉"规定

在魏晋律、令体系的基础上,到唐朝时期逐渐形成了律、令、格、式相辅相成的法律体系。那么,什么是律、令、格、式呢?

《新唐书·刑法志》中就有明确的说明:"令者,尊卑贵贱之等数,国家之制度也;格者,百官有司之所常行之事也;式者,其所常守之法也。凡邦国之政,必从事于此三者。其有所违及人之为恶而入于罪戾者,一断以律。"大致来说,"律"即刑律,是处理刑事犯罪的法律条文;"令"即条例,是规定有关国家制度的"设范之制";"格"是内外官署衙门处理行政事务的规范;"式"是国家机关的办事细则和公文程式。其中,令、格、式是从正面规定的国家制度和办事章程,而律则是从反面规定违反令、格、式者所应承担的法律责任。

法律是由国家制定或认可的,并由国家的强制力量保证实施的,具有普遍约束力的一种特殊行为规范。法律是惩治腐败的利器,也是护持清廉的重要屏障。早在魏晋时期,惩贪之法就已趋于系统化和细致化。如魏明帝时期,就曾专门颁布了惩治官吏犯罪的《告劾律》《请赇律》《偿赃律》等。晋武帝颁布的《晋律》中,将惩贪之法给予进一步的完善。《晋书·刑法志》中就说:"《盗律》有受所监受财枉法,《杂律》有假借不廉,《令乙》有呵人受钱,科有使者验赂,其事相类,故分为《请赇律》。"还说,"《盗律》有还赃畀主,《金布律》有罚赎入责以呈黄金为价,科有平庸坐赃事,以为《偿赃律》。"在此基础上,隋朝的《开皇律》和唐代的《唐律疏议》中,都有大量的关于惩贪倡廉的法律条文。

《开皇律》是隋文帝命大臣在魏晋南北朝法律基础上修改制定而成的一部封建制法律,素有"刑纲简要,疏而不失"之美誉。它上承汉律之源流，下启唐律之先河，在中国法制史上具有重要地位。其内容包括:《名例》《卫禁》《职制》《户婚》《厩库》《擅兴》《贼盗》《斗讼》《诈伪》《杂律》《捕亡》《断狱》十二篇，五百条。在北齐重罪十条的基础上，《开皇律》中提出了"十恶之条"的罪名:"一曰谋反，二曰谋大逆，三曰谋叛，四曰恶逆，五曰不道，六曰大不敬，七曰不孝，八曰不睦，九曰不义，十曰内乱。犯十恶及故杀人狱成者，虽会赦，犹除名。"可以说，《开皇律》代表了隋朝立法的最高成就，承袭了前朝法制长期发展的经验，使得封建法典的编纂渐趋系统化、规范化。同时，《开皇律》中罪行名目的进一步细化与明确，也为严惩贪腐提供了重要依据，有助于封建统治者依法严惩贪污腐败行为。

《唐律疏议》又称《永徽律疏》，是唐高宗永徽年间编纂完成的，由唐朝刑律及其疏注合编而成，是我国现存最早的、最为完备的刑事法典。《唐律疏议》包括《名例律》《卫禁律》《职制律》《户婚律》等十二篇，共三十卷。主要涉及对官吏的罪与非罪、罪轻与罪重等内容的详细划分，这在很大程度上为惩治贪腐提供了基本的法律依据。

此外，《唐律疏议》中还有大量关于惩治贪污贿赂的法律规定。有学者对此进行过统计:在《唐律疏议》的五百零二条律文中，关于具体罪名和刑罚的共有四百四十五条，其中有二百二十八条可以归为渎职罪或含有惩治渎职罪的内容。可见，在《唐律疏议》中，有近一半以上的罪条是针对或是遏制官吏职务犯罪的。

首先,《名例律》在《唐律疏议》中具有法律总纲的性质,对官吏的贪污受贿的各种情形进行了总结性的原则规定,并首次提出了六种非法占有公私财物的犯罪,总称"六赃":"在律,正赃唯有六色:强盗、窃盗、受财枉法、受财不枉法、受所监临及坐赃。"赃即为财物,亦是赃物,就是指通过不正当手段获得的财物。其中,"受财枉法",指的是官吏接受贿赂,替行贿人做出歪曲法律的处断。"受财不枉法"指的是官吏接受贿赂,但没有为行贿人做出歪曲法律的处断。"受所监临(财物)"指的是主管官吏接受下属吏民财物的行为。"坐赃"指的是官吏或一般人不是由于收受贿赂或盗窃的原因,而是为公或为私收取不应收取的财物。可见,这"四赃"就是属于严格意义上的贪污贿赂犯罪的对象。

其次,《职制律》中有许多具体的关于贪污受贿的惩处规定。正是在《名例律》总纲的指导下,《职制律》根据各种可能有的官吏贪污贿赂罪做了具体的惩处规范:

(一)关于官吏的贪污行为的惩处。针对官吏以权谋私的行为,《职制律》制定了详细的惩罚方法。如《职制律》第一百四十四条规定:"诸监临之官受猪、羊供馈,坐赃论。强者,依强取监临财物法。"官吏如果接受属下的馈赠,就构成犯罪,按坐赃罪惩罚;而且上级官吏向下级官吏索要财物的话,就会罪责加重,按受所监临罪处置。《职制律》第一百四十二条还规定:"诸贷所监临财物者,坐赃论。若百日不还,以受所监临财物论。强者,各加二等。"官吏利用职权或官位之便,在其所管辖的地界内，非法借贷或者买卖财物，就会被判为坐赃罪；百日之内不归还财物的罪行加重，判为受所监临罪。甚者，有官吏被发现使用了强权的，对其处罚会加二等。

（二）关于官吏的贿赂罪行的惩处。官吏的贿赂犯罪主要包括行贿和受贿两种。关于行贿问题，《职制律》第一百三十七条规定："诸有事以财行求，得枉法者，坐赃论；不枉法者，减二等。即同事共与者，首则并赃论，从者各依己分法。"可见，行贿罪的惩罚是分情况而定的：因行贿而造成了枉法曲断的，行贿者将依据其贿赂的金额定为坐赃罪；但如果行贿后没有造成枉法的，就按坐赃罪减二等后惩处。如果是多个人一起出钱行贿的，那么首犯会按行贿的总金额来定罪，其他从犯则按其各自所出份额来定罪。关于受贿的官吏，《职制律》第一百三十六条中规定："诸受人财而为请求者，坐赃论加二等；监临、势要，准枉法论。与财者，坐赃论减三等。若官人以所受之财分求余官，元受者并赃论，余各依己分法。"也就是说，要根据不同情况判定：一般的官吏接受了贿赂，会被判处坐赃罪加二等，但若是监临的官吏受贿，则要判其为枉法行为并且加重处罚了；当然，行贿者同样要受坐赃罪减三等的处罚。《职制律》第一百三十八条规定："诸监临、主司受财而枉法者，一尺杖一百，一匹加一等，十五匹绞；不枉法者，一尺杖九十，二匹加一等，三十匹加役流。无禄者，各减一等，枉法者，二十匹绞；不枉法者，四十匹加役流。"因为受财不枉法罪的危害性小于受财枉法罪，但受财不枉法罪也侵害了官吏职务行为的廉洁性,且不枉法往往是枉法的先导,所以对受财不枉法也要以犯罪论处,只是在量刑上轻于受财枉法罪。

此外,从隋唐时期统治者所颁布的一些诏令中也可以看出,其中有许多对贪污犯罪的严格规定。如隋文帝时期就有诏书规定:主典官偷边粮一升以上即处死,家口没官为奴;官吏不得利用职务之便经商牟利。武则天的《改元光宅诏》中,正式以法律的形式规定官吏枉法受财、监临主守自盗同"十恶"等常赦不免之罪一样,都不在赦免之例。唐肃宗时,为了加强惩贪的效果,他在《即位敕》的诏书中也明确规定:官吏贪赃枉法者,将受到"终身不齿""永不叙用"的处罚。

总起来说,隋唐时期的律令中,关于惩治贪腐的诸多具体规定与措施,部分地实现了"以法促廉"之目的,在一定程度上抑制了封建官吏们的贪污受贿行为,有力地保障了封建国家机制的正常运转,为隋唐时期封建盛世局面的出现起到积极的推动作用。

二、典章制度中的保"廉"举措

制度文明是中国传统政治文化的重要组成部分。在数千年的文明演进中,中国古代形成了相对完备的廉政制度体系。隋唐时期,无论是在官吏选拔与任用方面,还是在对官吏的考核与监督以及官吏的致仕等方面,都形成了一整套较为完善的典章制度。这既有利于预防与惩治贪腐,也有助于官吏们养成清廉为政之品德。

在官吏选拔方面，隋唐时期的基本制度是科举取士。科举制是自隋朝创立直至清末，先后实行了一千三百余年的古代选官制度。科举考试主要是以儒家经典为主，考试方式包括了帖经、经义、策问和诗赋四种。科举制打破了九品中正制后期由门阀士族把持的选官特权，把选官的权力收归中央，改变了过去按照门第的高低进行选官的办法，开创了通过考试录用官吏的先河。科举制对于中国社会发展的意义重大，以至于被人们誉为"中国的第五大发明"。为了保证科举制度的顺利进行，防止考试过程中的营私舞弊行为，为国家选拔出有真才实学、德才兼备的人才，在科举考试过程中实行了一系列的廉政措施加以保障。如实行"结款通保"（就是准备参加考试的举子，每年十月份由州县或国子六学荐举到京师后，先到礼部贡院填写家状和文解，此为结款。然后，再寻找担保人，用以检验结款的可靠性）、"别头考试"（即科举考试中的一种回避制度，主考官的亲族故旧要回避）、"搜索夹带"（举子进入考场时要搜身检查，以防携持夹带）、"糊名暗考"（即试卷上密封其姓名，防止阅卷人员串通作弊）、"试卷盖印"（即发给举子的试卷上都要加盖印戳，用以防止举子将事先准备好的诗赋、策文带入考场，冒充试卷）、"公举通榜"（就是主考官通过纳省卷、公荐和通榜等方式对举子进行的全面考察）等。可以说，唐代通过科举的方式来选拔官吏，不仅注重其是否具有真才实学，而且还注重其是否真是德才兼备。科举制不仅大大降低了人才选拔资格的要求，广纳各路贤才，而且还严格控制人才选拔过程中的各个环节,尽可能地从源头上保证官员队伍的纯洁性,为日后官吏的清廉为官奠定了坚实的基础。此外,唐代还通过"吏道"的方式选拔官吏。所谓"吏道",是指一般胥吏和平民子弟可以通过吏部郎中主持的"小选",考其书、计、时务,进入流外九品序列,成为朝廷各部门的重要吏员。然后再积累劳绩而逐渐晋升品级,具备规定的资格后,再由吏部统一组织"大选",核实其身、言、书、判,综合其德、才、劳绩而进入流内九品官员序列。

在官吏任用方面,唐代也实行了诸多的廉政措施,如"南曹驳放""联保官保""锁闭考官""糊名暗考""审查复试""回避之制"等。其中,回避制度是一项在官吏选任过程中为了预防结党营私、徇情枉法而采取的制度。从汉武帝统治中期起,国家在选拔任用官吏时,就开始施行这样一种制度。唐代继续沿用了这一制度,其法律规定:亲族不能监临,宰相之子不能任谏官,兄弟不可在同省任职等。精选各级长官也是澄清吏治的关键,所以唐代统治者们尤为重视地方官吏的任用问题。唐太宗认为"治人之本,莫如刺史最重",非常重视刺史和县令的任用,常亲自选择刺史人选。他甚至还把各地刺史的名字写在内廷的屏风上,以便随时观览并添注其善恶事迹,以此来作为黜退或晋升的依据。他还认为"县令甚是亲民要职",让五品以上官员向朝廷推荐县令人选,再从中择优任用。

为了对官吏进行有效的管理,封建国家都设有一套具体的官吏考核措施,这是反腐倡廉的重要方面。如《周礼·天官》中的

"六廉"标准,就是对官吏进行考核的基本依据。在唐代时,政府也实行了一套总结绩效行能,据以赏优罚劣的官吏考核制度。到唐太宗时期,官吏考核制度基本定型。唐制中,把全部官职分为流内、流外和轮番执勤人员三类。其中,流内官的考核依据的是"四善二十七最"。所谓"四善",即德义有闻、清慎明著、公平可称、恪勤匪懈,这是各类官职都适用的四个品性标准。所谓"二十七最",就是把全部流内的九品正从上下阶各种官职,区分为二十七个职级的称职标准,然后依据其功、罪而酌情升降。流外官的考课标准和考课方法另有规定。如《唐六典》中就规定:"清谨勤公,堪当明审为上;居官不怠,执事无私为中;不勤其职,数有愆犯为下;背公向私,贪浊有状为下下。"可以说,唐代不仅建立了完整的考核标准体系,而且还非常重视对考核过程的统一组织与协调,确保官吏考核的公平与公正。通常,朝廷会把对官吏考核的最终考等和考辞公布于众,考核的过程也是在皇帝遣派的监考官的全程监督下进行的。

法国启蒙思想家孟德斯鸠曾说:"一切有权力的人都容易滥用权力,这是万古不易的一条经验。有权力的人们使用权力一直到遇有界限的地方才休止。"不受约束的权力必然导致腐败,对权力进行制约是防止滥用权力的有效手段。隋唐时期,逐步建立与完善的监察制度,对预防官员腐败,制约官员滥用职权起到积极作用。唐代实行"一台三院制",中央设御史大夫一名,御史中丞两名,总掌全国纠察之事。这使得御史台这一监察机构的体制更为健全，功能得到加强。唐代还实行巡视制度。设立分道巡安使，由五品以下贤明清廉的官员担任，人数八到二十人不等，分春秋两季巡视地方。巡视制度的设立，对于加强对地方官员的监督、预防和惩治官吏滥用权力有重要意义。可以说，隋唐时期日益完善的监察制度与官吏的考课制度相辅相成，收到了"考中鉴绩，察中监法"的双重效果。

总之，隋唐时期，封建政府通过实施这一系列关于官吏选拔、任用、考核、监督与监察方面的措施与手段，为封建官吏的廉洁从政提供了一种制度上的保障，有助于封建官吏的清廉自守、秉公执法；同时，也有助于清正廉明的社会风气的出现和官员廉洁品德的形成。

三、隋唐统治者们的惩贪倡廉

1. 隋文帝倡俭惩贪

隋文帝杨坚是隋王朝的建立者，也是一位颇有作为的封建皇帝。他结束了南北朝二百七十余年的分裂割据，使得中国社会重新归于统一；实行了一系列的政治改革，大大加强了中央政府的权力，增强了中央对地方的控制力；采取了一系列发展生产的措施，使社会经济得到恢复与发展。同时，隋文帝还是中国历史上少有的注重节俭的统治者。他勤于政事，以"每旦听朝，日昃忘倦"的工作作风被历代史家所赞颂；他躬行节俭，带动了清廉勤俭良好社会风尚的形成。

一是躬行俭约。隋文帝本人十分节俭。隋朝建立之初，国力贫弱。曾有大臣建议隋文帝要营建"名堂"，以此来增强朝廷之威严。但是，隋文帝考虑到修建名堂，规制宏大，必然会耗费大量社会资财，加重人民负担。所以，隋文帝就坚决地否定了营建名堂的主张。史书上记载，隋文帝"躬先俭约，以事府帑"。他平时用餐极为简单，佐餐菜肴只许有一个肉菜。出行所乘坐的车舆及日常使用的器物，一直用到破旧不堪，无法继续修补才换用新的。平时所穿的衣服，多为布帛所做，很少有绫罗绸缎。有一次，关中闹饥荒，隋文帝得知老百姓竟以豆粉拌糠为食时，流泪自责，下令降低自己的伙食标准，不喝酒不吃肉。可以说，如此亲民爱民的举动，在历朝历代帝王中当属凤毛麟角。

隋文帝厉行节俭，不仅自己以身作则，而且还严格要求家人和身边的人。有一次，他见太子杨勇穿着装饰一新的铠甲。隋文帝很不高兴，对其大加训诫说：自古以来，未曾听说过腐化奢侈能长治久安的，身为太子，更要注意节俭。如果上不能合乎天意，下不能顺乎民心，将来怎能继承帝业呢？训斥完后，隋文帝还把一件他穿旧的衣服和一把用过的刀子送给杨勇，以示警诫。隋文帝后宫妃嫔本来就不多，还规定她们不许修饰打扮。在隋文帝的影响下，后宫的妃嫔们不再爱慕虚荣，身上穿的都是洗濯多遍的旧衣服，不去追求服饰的华丽。隋文帝的三儿子杨俊，早年名声不好，在出任并州总管后，更是腐化堕落，违法犯禁。他放高利贷搜刮钱财，盘剥百姓；大兴土木，沉湎酒色；强抢民女，恣意淫乐。隋文帝闻知此事，立即派人前去察访。杨俊自恃为帝胄，根本不思悔改。于是，隋文帝将其诏回京师，罢其官职，将其幽闭。后来，杨俊在幽禁中病死。隋文帝派人将其生前的"奢丽之物"全部焚尽，不准为其立墓碑。

隋文帝的节俭，不仅从个人的生活推及子女、官吏的日常规范，而且还从日常生活扩及国家的政务管理上。在国家财政支出方面，隋文帝也十分重视节俭的原则。如在他即位后第三年，时任河南道兵部尚书的杨尚希指出："当今郡县，倍多于古。或地无百里，数县并置，或户不满千，二郡分领。具僚已众，资费日多；吏卒人倍，租调岁减……民少官多，十羊九牧。"（《隋书·杨尚希传》）因此，杨尚希主张应并省州郡。于是，隋文帝采纳了杨尚希的这一建议，罢郡，改州、郡、县三级制为州、县二级制，并且合并了一部分州、县。通过这一改革地方行政机构的措施，不仅有助于提高办事效率，而且大大节省了国家的财政开支。

二是表彰良优。隋文帝认为，为政者只有做到赏罚分明，方可实现国治邦安。隋文帝非常注重对有功绩的官员进行奖励，他在写给高丽王汤的玺书中说："昔帝王作法，仁信为先，有善必赏，有恶必罚，四海之内，具闻朕旨。"（《隋书·高丽传》）岐州刺史梁彦光很有治理能力，隋文帝到岐州时，看到梁彦光把当地治理得很好，对其大加赞赏，并下诏说："赏以劝善，义兼训物。彦光操履平直，识用凝远，布政岐下，威惠在人，廉慎之誉，闻于天下。三载之后，自当迁陟，恐其匮乏，且宜旌善。可赐粟五百斛，物三百段，御伞一枚，庶使有感朕心，日增其美。四海之内，凡曰官人，慕高山而仰止，闻清风而自励。"（《隋书·循吏》）没过多长时间，隋文帝又赐给梁彦光钱五万。还有，齐州别驾赵轨，也是清廉为官，老百姓称赞他"公清若水"。赵轨在齐州为官的四年时间里，考绩连年第一。隋文帝对其给予奖励，并征召入朝。令狐熙是隋文帝时期有名的官吏，他为官清廉，洁身自好，关心人民的疾苦，帮助民众建设家园，厉行勤俭节约。开皇十五年（596），隋文帝获知令狐熙的事情后，就下诏奖励良吏"考绩为天下之最，赐帛三百匹，颁告天下"。可以说，隋文帝大力表彰良优之官吏，有助于社会上廉洁之风的形成。

三是严惩贪贿。隋文帝还非常重视运用法律来惩治贪腐。开皇元年（581），隋文帝命令大臣高颖、杨素等人"更定新律"，对过去北朝齐、周以来律令进行大的调整。开皇三年（583），又命令苏威、牛弘等人对法律进行二次调整，编订出名例、职制、户婚等十二篇刑律，即著名的《开皇律》。它上承汉律，下启唐律，在中国法治史上具有重要地位。同时，这也为隋文帝依法惩治贪腐提供了法律依据。据此，隋文帝对官吏的贪污腐败行为进行了严厉的惩治。晋州刺史贾悉达因贪污受贿被处以死刑，吏部尚书卢恺结党营私被免其职。隋文帝惩贪不徇私情，不会因为是亲朋而网开一面。史万岁讨南宁夷叛乱时，隋文帝下令让其捉拿乱军主帅归朝，史万岁于途中受其金玉珠宝私放之，隋文帝知其

"受赂纵贼"后，下令严治其事，将史万岁除名为民。隋文帝的心腹大臣苏威，"曲道任其从父弟彻、肃等罔冒为官"，隋文帝严治之，"免威官爵"。另一位重臣李德林，由于"罔冒取店，妄加父官"，结果被贬为潮州刺史。可以说，在严厉的法律惩治下，隋文帝时期的大多数官员都不敢胡作非为，官场的清廉局面得到了有效的维护。

此外，隋文帝还健全各种规章制度，使官吏的行为得到规范和有所限制。他废除了原来"高门华阀，有世及之荣，庶姓寒人，无寸进之路"的九品中正制，建立起以才能录用的制度；完善了废置已久的考课制度，规定"每岁考殿最"，对官吏的言行功过进行认真严格的考评，并以此作为晋升的标准；建立起巡察制度，以掌握各级官吏的实际情况，察访其腐败不法行为；建立了流官制度，不许长期任职一地。这些制度和措施对官吏行为起着一定的限制和监督的作用，是切实可行的有效措施。

正是在隋文帝崇尚廉俭、摒斥奢腐的表率作用的带动和法律严惩的共同作用下，整个社会形成了一种节俭的风气。据记载："开皇、仁寿之间，丈夫不衣绫绮，而无金玉之饰，常服率多布帛，装带不过以铜铁骨角而已。"当时，社会上的男子，无论是否是为官者，所穿之衣多为布帛，不用绫罗绸缎，衣带的装饰之物多是铜铁骨角质地，少有金玉。可以说，节俭之风极大地促进了江南地区"其俗颇变，尚淳质，好俭约"，实现了社会的发展和人民的安居乐业。《隋书·高祖本纪下》中就描述道："躬节俭，平徭赋,仓廪实,法令行,君子咸乐其生,小人各安其业,强无陵弱,众不暴寡,人物殷阜,朝野欢娱。二十年间,天下无事,区宇之内晏如也。"

2. 唐太宗倡廉反腐

唐太宗李世民(598—649)是唐朝的第二位皇帝,也是中国古代较为罕见的英明君主。他雄才大略,文治武功兼备。唐太宗上台不久,就深刻地认识到"治国犹如栽树,本根不摇,则枝叶茂荣"的道理,强调以民为本,励精图治。经过一段时间的恢复与发展,唐代社会出现了政治清明、经济发展、文化繁荣、官吏廉洁的盛世局面,成为后世封建社会治理之楷模。"贞观之治"的出现,其原因固然是多方面的,但其中一个重要的方面就是与唐太宗积极倡廉反贪的为君之道紧密相关。贞观初年,唐太宗就曾对魏徵说:"为君之道,必须先存百姓。若损百姓以奉其身,犹割股以啖腹,腹饱而身毙。若安天下,必须先正其身,未有身正而影曲,上治而下乱者。朕每思伤其身者不在外物,皆由嗜欲以成其祸。若耽嗜滋味,玩悦声色,所欲既多,所损亦大,既妨政事,又扰生民。且复出一非理之言,万姓为之解体,怨讟既作,离叛亦兴。朕每思此,不敢纵逸。"[1]

具体来说,唐太宗的倡廉反贪主张有:

一是修身正己,倡俭戒奢。历览前贤国与家,成由勤俭破由奢。亲身经历了朝代更替的

[1] 吴兢撰,裴汝诚导读,紫剑整理:《贞观政要》,上海古籍出版社2008年版,第1页。

唐太宗，深切地感受到奢侈亡国的历史之痛。贞观二年，唐太宗就对黄门侍郎王珪说：隋朝开皇十四年大旱，人多饥乏。当时仓库盈溢，竟然下令不许赈济给灾民，反而让百姓逐粮。隋文帝不怜惜百姓而珍惜仓库之粮，等到了隋文帝末年时，天下储积之粮已经能够供得五六十年使用了。隋炀帝恃此富饶，所以奢华无道，遂致灭亡。炀帝失国，很重要的一个原因就在于此。贞观九年，在读到北齐、北周的历史时，唐太宗也曾感叹道：如果统治者奢侈无度，就如同"馋人自食其肉，肉尽必死"，其原因在于"人君赋敛不已，百姓既弊，其君亦亡"。（《贞观政要·辩兴亡》）所以，唐太宗深有感触地指出，"为主贪，必丧其国；为臣贪，必亡其身"（《贞观政要·贪鄙》）。"人君之患，不自外来，常由身出。夫欲盛则费广，费广则赋重，赋重则民愁，民愁则国危，国危则君丧矣。朕常以此思之，故不敢纵欲也。"（《资治通鉴》卷一百九十二）为此，唐太宗十分重视节俭，力戒奢侈。"正人先正己"，深谙为政之道的唐太宗尤为重视个人的垂范作用。他说："社稷安危，国家治乱，在于一人而已。"（《贞观政要·慎终》）"若安天下，必须先正其身；未有身正而影曲，上治而下乱者。"（《贞观政要·君道》）

汲取隋亡的历史之鉴，唐太宗主张不能大兴土木。隋朝建立后，经隋文帝的休养生息，至隋炀帝即位时，社会已经得到了很大的发展，出现了"户口益多，府库盈溢"的景象。《通典·食货典》是这样描述的："隋氏西京太仓，东京含嘉仓、洛口仓，华州永丰仓，陕州太原仓，储米粟多者千万石，少者不减数百万石。天下义仓，又皆充满。"可是，隋炀帝即位后，旋即"广造宫室，以肆行幸，自西京至东都，离宫别馆，相望道次"（《贞观政要·行幸》）。唐太宗认为隋炀帝奢华无度，大兴土木，最终导致隋朝的灭亡。所以，唐太宗以隋炀帝为鉴，禁止大兴土木，以免劳民伤财。早年率兵攻下洛阳之后，唐太宗就曾感慨道："逞侈心，穷人欲，无亡得乎？"贞观十一年，洛阳宫因为水灾而被毁，唐太宗下诏说："洛阳宫为水所毁者，少加修缮，才令可居。自外众材，给城中坏庐舍者。"（《资治通鉴》卷一百九十五）贞观元年（627），唐太宗对身边侍臣说："自古帝王凡要大兴土木，必须合乎人民的意愿。以前大禹开凿九山、浚通九江，耗费巨大人力，却无人埋怨，就是因为合乎人民的共有利益与意愿。秦始皇营造宫室而招致非议，就是因为他为了满足私欲，而不与民众共享。我最近想建造一座宫殿，材料已经准备齐全，但想到秦始皇的教训，又不得不作罢。大凡雕镂器物、珠玉服玩之类，如果肆意追求、骄奢淫逸，那么离灭亡就为期不远了。因此，自王公以下，住宅、车服、婚嫁、丧葬等，凡是按照官位品级规定不该享用，应一律禁止。"贞观二年（628），有公卿大臣上奏："按照《礼记》规定，仲夏之月，皇上可以到高台筑成的楼榭居住。如今夏热未退，又面临秋雨，皇室阴暗潮湿，请营造一阁楼供陛下居住。"唐太宗回应说："我患有气疾，确实不适宜住在地势低而且潮湿的地方。但是，我若同意你们的请求，将要耗费很多财物。我的功德不及汉文帝,而耗费财物超过他,这哪里合乎为民父母应该遵循的原则?"尽管大臣们再三奏请,但唐太宗依然坚决不许。

中国古代厚葬之风由来已久。汉代就出现了"父母死后,子女为之'高坟大寝''响牛作倡'等,人人以此为荣,甚至为了厚葬,不惜倾家荡产"[1]。贞观年间,社会厚葬之风极盛,劳民伤财。为此,唐太宗下诏斥奢靡陋俗,倡导节俭薄葬。他说:"以厚葬为奉终,以高坟为行孝,遂使衣衾棺椁,极雕刻之华,灵輀冥器,穷金玉之饰。富者越法度以相尚,贫者破资产而不逮,徒伤教义,无益泉壤,为害既深,宜为惩革。其王公以下,爰及黎庶,自今已后,送葬之具有不依令式者,仰州府县官明加检察,随状科罪。在京五品以上及勋戚家,仍录奏闻。"(《贞观政要·俭约》)唐太宗尚俭戒奢,以身作则,身边的近臣和亲属也受到他的影响。史书上记载,长孙皇后"性尤俭约,凡所服御,取给而已"。她临终遗言太宗皇帝说:"妾生无益于人,不可以死害人,愿勿以丘垄劳费天下,但因山为坟,器用瓦木而已。"(《资治通鉴》卷一百九十四)

二是奖惩并举,倡廉反贪。"吏不廉平则治道衰",官吏能否做到清正自守、廉洁为政,事关国运的兴衰。为了使群臣百官做到廉洁不贪,唐太宗一方面循循善诱地劝其行廉;另一方面又使用重法整饬吏治。贞观初年,唐太宗曾对侍臣说:"人有明珠,莫不贵重,若以弹雀,岂非可惜?况人之性命甚于明珠,见

---

1 / 张涛、项永琴:《中华伦理范畴:廉》,中国社会科学出版社2006年版,第69页。

金钱财帛不惧刑网,径即受纳,乃是不惜性命。明珠是身外之物,尚不可弹雀,何况性命之重,乃以博财物耶?群臣若能备尽忠直,益国利人,则官爵立至。皆不能以此道求荣,遂妄受财物,赃贿既露,其身亦殒,实为可笑。"在唐太宗看来,钱是身外之物,生命才是最重要的;如果人们以生命之代价去换取身外之物,那实在是可笑至极。所以,唐太宗劝诫臣子们要洁身自好,忠直自省。贞观二年,唐太宗对侍臣说:"朕尝谓贪人不解爱财也,至如内外官五品以上,禄秩优厚,一年所得,其数自多。若受人财贿,不过数万,一朝彰露,禄秩削夺,此岂是解爱财物?规小得而大失者也。昔公仪休性嗜鱼,而不受人鱼,其鱼长存。且为主贪,必丧其国;为臣贪,必亡其身。"唐太宗又给大臣们算了一笔经济账,不能因小而失大,因为眼前的一丁点小利而没了俸禄,失了官职,丢了性命。贞观十六年,唐太宗又对侍臣说:"古人云:'鸟栖于林,犹恐其不高,复巢于木末;鱼藏于水,犹恐其不深,复穴于窟下。然而为人所获者,皆由贪饵故也。'今人臣受任,居高位,食厚禄,当须履忠正,蹈公清,则无灾害,长守富贵矣。古人云:'祸福无门,惟人所召。'然陷其身者,皆为贪冒财利,与夫鱼鸟何以异哉?卿等宜思此语为鉴诫。"(均见《贞观政要·贪鄙》)在唐太宗看来,栖息于树梢的鸟,深藏于水窟的鱼,为何能够被人们所捕获呢?都是因为贪食于诱饵而已,都是咎由自取。由鸟鱼而及人臣,告诫官吏们切莫贪恋财利,否则就会身陷囹圄。可以说,唐太宗融日常生活事例于廉政教育之中,动之以情,晓之以理，语重心长，用心良苦。

在隋唐以前，官吏们没有俸禄或俸禄较低，这也很容易导致官吏以权谋私、假公济私。所以，唐太宗即位以后，针对官吏们俸禄较低的现状，提出实行新的俸禄制度。当时，官吏们的俸禄主要由三部分组成：金钱、职分田和实物。唐太宗主张要增加官吏们的品禄和职分田的数量。贞观八年（634），中书舍人高季辅上疏说："外官卑品，犹未得禄，饥寒切身，难保清白。今仓廪浸实，宜量加优给，然后可责以不贪，严设科禁。"意思是说，有些基层官员，收入低微，饥寒难当，以致"多吃多占"，情有可原。现在国家较为富足了，应酌情考虑提高薪俸，使之能有个不贪不占的基本物质保证；加薪以后，如果再有贪占的，就要严惩不贷。杜佑《通典·职官》中就记载了官吏们俸禄发放的具体情况："大唐定给禄之制，京官正一品米七百石，钱六千八百；从一品米六百石；正二品米五百石，钱六千；从二品米四百六十石；……正九品米五十七石，钱一千三百；从九品米五十二石。从并同外官各降一等，内外文武官自一品以下并给职田，京官诸司及郡县又给公廨田，并有差。"可以看出，唐太宗是想通过增加俸禄的办法来解决官吏贪腐的问题，以此来保障政治的清正廉明。

唐太宗还认为"能安天下者，惟在用得贤才"。在贞观元年，唐太宗就曾对房玄龄等人说："致治之本，惟在于审。量才授职，务省官员。故《书》称：'任官惟贤才。'又云：'官不必备，惟其人。'若得其善者，虽少亦足矣。其不善者，纵多亦奚为？"（《贞观政要·择官》）贞观六年，唐太宗又对魏徵等人说："古人云，王者须为官择人，不可造次即用。朕今行一事，则为天下所观；出一言，则为天下所听。用得正人，为善者皆劝；误用恶人，不善者竞进。赏当其劳，无功者自退；罚当其罪，为恶者戒惧。故知赏罚不可轻行，用人弥须慎择。"（《贞观政要·择官》）为此，唐太宗按照"四善二十七最"的考核标准对官吏进行考核，考课充分体现官吏考课品德和才能并重的原则。

《贞观政要·政体》中说："（唐太宗）深恶官吏贪浊，有枉法受财者，必无赦免。在京流外有犯赃者，皆遣执奏，随其所犯，置以重法。由是官吏多自清谨。"唐太宗深知法制对惩治贪腐的重要性，所以坚持做到"法之所行，无舍亲昵"。在法律执行问题上，唐太宗不徇私情，说："法者非朕一人之法，乃天下之法，何得以无忌国之亲戚，便欲挠法耶？"（《贞观政要·公平》）对待官吏犯赃，即使是皇亲国戚也不能例外，以严刑惩治官吏贪污腐败。"贞观六年，右卫将军陈万福自九成宫赴京，违法取驿家麸数石。太宗赐其麸，令自负出以耻之。"（《贞观政要·贪鄙》）贞观十二年，江夏王李道宗因贪污受贿而被捕入狱。唐太宗就对侍臣们说："朕富有四海，士马如林，欲使辙迹周宇内，游观无休息，绝域采奇玩，海外访珍羞，岂不得耶？劳万姓而乐一人，朕所不取也。人心无厌，唯当以理制之。道宗俸料甚高，宴赐不少，足有余财，而贪婪如此，使人嗟惋，岂不鄙乎！"（《旧唐书》卷六十）

此外，唐太宗晚年还专门给太子李治编写了一部关于帝王准则的书——《帝范》。全书共分四卷十二章，即分别从君体、建亲、求贤、审官、纳谏、去谗、诫盈、崇俭、赏罚、务农、阅武、崇文十二个方面，对帝王如何修身治国的纲领问题，做了全面的训诫，希望李治能够成为守业之主。

在《君体》篇中，唐太宗对君主的个人修养提出明确的规定。他反复阐释身为一国的君主，一定要有博大的胸襟，能够做到兼容并蓄，这是一国之君的大体，要以国家和人民为根本，要像山一样高耸峻拔，威严不动；要像日月一样贞洁明亮，普照万物；要慈爱仁厚，使人怀念；要躬行勤劳，推行德义。

《求贤》篇中，唐太宗教诲太子要认识求贤用贤对创业治平、安邦定国的重要性。他认为身为君主，与其用珠宝、黄金来装饰自己，不如有众多贤士相辅相随。因此，君主必须要善于择人、用人，唯此才能治理好国家。为了选拔贤能之才，贤明的君主必须广征博访，使其不被遗漏。使用人才，也要不拘一格。

在《纳谏》篇中，唐太宗教育李治说：自古以来，贤明的君主都非常重视纳谏，给臣下以进谏的机会，不管进谏者是谁，辩才、文章如何，只要其言论有益即可。臣子与国君之间没有隔阂，君主之德才能辉映天下。否则，君主拒绝纳谏，大臣爱惜爵禄不敢进谏，就会放纵国君的暴虐之心，必然会主张无度的欲求，最终导致身亡国灭。

在《崇俭》篇中，唐太宗认为历代的明君贤相和有识之士，崇尚节俭、力诫奢侈,以之治国则国治,以之齐家则家齐。君主作为国家的最高统治者,君临天下,富贵尊荣无人能及。若是贵而骄、富而奢,纵欲无度,不尚节俭,不克制内心的欲望,必然如夏桀、商纣王一样灾祸不断。

在《务农》篇中,唐太宗告诫说,国君要"务农",因为民以食为天,为政以农业为本。社会的礼义廉耻之德是建立在库府充盈、衣食富足的基础之上的。因此,国君必须要"敬授人时",劝稼务农。他还强调作为一国之君,必须以身作则,身教胜于言教,那样就会呈现出"人不言而化矣"的效果。

总起来说,《帝范》作为第一部系统化、理论化的帝王家训著作,内容丰富而且系统完整,堪称是帝王家训的集大成之作,既充分反映了唐太宗以廉传家的思想,也对唐代前期政治的清正廉明起到积极的推动作用。

3. 武则天《臣规》劝廉

武则天(624—705)是中国历史上一位非常特殊的人物。她本为唐太宗的才人,后来成为唐高宗的皇后。她又趁高宗体弱多病之机,积极参与朝政并逐渐专权。唐高宗去世后,武则天继续把持朝政。690年,武则天以"武"代"李"而称帝,改国号为"周",成为中国历史上唯一的女皇帝。武则天前后执掌政权近半个世纪之久。这一时期,上承"贞观之治",下启"开元盛世",社会政治、经济、文化继续向前发展,史称"贞观遗风",其历史之功绩,昭昭于世。

武则天聪颖过人,富于智谋,也兼涉文史,重视著述。武则天执政期间,为了约束百官而制定了一部具体的为官准则——《臣规》。全书分为上下两卷,包括:《同体》《至忠》《守道》《公正》《匡谏》《诚信》《慎密》《廉洁》《良将》和《利人》共十篇。

《臣规》开篇即以论述"君臣同体"关系而展开。文中说"夫人臣之于君也,犹四支(肢)之载元首,耳目之为心使也。相须而后成体,相得而后成用"[1]。武则天认为,臣子要与君主同体,共安危,同休戚。臣子对君主而言,犹如四肢与头、耳目与心,相互需要而后成为一体,相得益彰。只有君主安宁,臣子才能安宁;如果君主忧虑,臣子也不能独自快乐。

在这一总篇的基础上,《臣规》又分别从六个方面阐释了为官应具备的基本道德素养。具体包括:

"忠诚",是作为人臣必备的首要品质。忠臣匡扶君主,尽心尽力,以其才能享有禄位。他们既不面誉其君,求取恩宠,也不逢迎附和,取悦君心,以中正为根本。"夫事君者以忠正为基,忠正者以慈惠为本。"[2] 当然,作为臣子不能对百姓慈善仁爱就称不上是对君主的忠诚正直。

"守道",即坚守天地万物之大道。"夫知道者,必达于理;达于理者,必明于权;明于权者,不以物害己。"[3] 为官者若要正身清心,必须坚

---

1 / 张希清、王秀梅主编:《官典》第一册,吉林人民出版社1998年版,第335页。

2 / 张希清、王秀梅主编:《官典》第一册,第338页。

3 / 张希清、王秀梅主编:《官典》第一册,第341页。

守正道；若要言行合宜，忠孝得节，必须守道。只有清净无欲、淡泊闲适，修道、得道才能享有富贵俸禄。

"公正"，是天地之道，也是人臣应该恪守的基本为官之德。"天无私覆，地无私载。日月无私烛，四时无私为。忍所私而行大义，可谓公矣。……人臣之公者，理官事则不营私家，在公门则不言私利，当公法则不阿亲戚，奉公举贤则不避仇雠。"[1] 为官者要做好公家之事，不能因家庭私事而干扰工作；要将公事与私事分开，公职与货利分开，公法与私情分开，举荐人才与私人恩怨分开。

"诚信"，即是诚实守信，也是人臣必备的道德操守。"诚信者，即其心易知。故孔子曰：'为上易事，为下易知。'非诚信无以取爱于其君，非诚信无以取信于百姓。故上下通诚者，则暗相信不疑；其诚不通者，则近怀疑而不信。"[2] 为官者要培养君子之德，即使有"仁智"，也要"以诚信为本"，否则就是奸诈的小人。

"慎密"，即说话要谨慎，出谋策划要保密。"夫修身正行不可以不慎，谋虑机权不可以不密。人臣不慎密者，多有终身之悔。故言易泄者，召祸之媒也；事不慎者，取败之道也。"[3] 为官者修身正行，不可以不谨慎；谋虑机变，不可不缜密。若不戒慎缜密，毕致终身之悔。为官者要戒慎自己的言行，以免招致危险。

"廉平"，即廉洁公平，是为官从政者最为优

[1] 张希清、王秀梅主编：《官典》第一册，第343—344页。

[2] 张希清、王秀梅主编：《官典》第一册，第352页。

[3] 张希清、王秀梅主编：《官典》第一册，第354页。

秀的品质。"理官莫如平,临财莫如廉。廉平之德,吏之宝也。"[1]

《公正》《廉洁》两章对官吏清廉为官进行了详细阐释。在《公正》章中提出:"理人之道万端,所以行之在一,一者何?公而已矣。唯公心可以奉国,唯公心可以理家。"认为治国治民之道万端,但根本之要在"公"。没有公道,不可以治理国家。人臣辅佐国君治理天下,要如天覆于上,地载于下一样,无私公正。为官者必须要克己奉公。换言之,"公"也是官员必须恪守的基本行为准则。

《廉洁》篇中说:"恭廉守节,则地与之财。"作为人臣,如果能够肃敬廉洁保持节操,那么大地就会给予他财富。还说,君子"虽贫贱,不以利毁廉",强调说君子虽然贫贱,但是不能因为无义之利而毁坏廉洁。《廉洁》章中还提出"君子行廉以全其真,守清以保其身",认为君子行为廉洁以保全他的本性,操守清白以保全他的身份。此外,还举出历史上许多清廉为官的例子,如子罕不以贪为宝、公仪休拒鱼等故事,给为官从政者树立清廉的榜样。

总之,武则天组织编写的《臣规》一书,作为封建时代一部重要的官箴书,它不仅对唐代官吏的为官从政具有直接指导意义,而且也对后世的官吏清廉为政具有积极借鉴意义。

四、唐代的贤臣良吏及其令德懿行

1. "节奢以俭"的魏徵

魏徵(580—643),字玄成,巨鹿曲城人。

[1] 张希清、王秀梅主编:《官典》第一册,第357页。

年少时，魏徵孤贫落拓，胸怀大志，喜好读书，涉猎甚广。参加李密领导的瓦岗军，因其才华卓异、胆识超群，深得李密赏识。后来，瓦岗军战败，魏徵转投李渊部下。"玄武门之变"后，魏徵又被李世民所器重，曾多次被李世民召见，纵论治国之道。魏徵素有经国之才，且生性耿直，敢于直言进谏。《贞观政要》中记载，魏徵向李世民面陈谏议五十次，呈送的奏疏十一件，一生的谏言更是多达"数十余万言"，为"贞观之治"局面的出现起到了积极作用。

贞观六年，朝中文武官员们纷纷请求太宗去泰山封禅。太宗也自认为开国有功，治国有成，接受了群臣的建议去泰山举行封禅大典。魏徵却明确表示反对，他从关心百姓疾苦和汲取隋亡的历史教训出发，极力劝谏唐太宗不要做崇虚名而实为害的事情。太宗最终接纳了魏徵的建议，取消了泰山封禅，节省了一次极大的财力消耗。

贞观中后期，国家形势越来越好，国富民安，唐太宗也逐渐滋长起了帝王奢靡之心。魏徵始终保持清醒的头脑，多次谏言唐太宗要居安思危、善始慎终。有一次，在去洛阳巡查的路上，因起居供应不好，唐太宗对身边的下人多有责罚。魏徵上疏谏言说："臣愿当今之动静，以隋为鉴，则存亡治乱可得而知。思所以危则安矣，思所以乱则治矣，思所以亡则存矣。存亡之所在，在节嗜欲，省游畋，息靡丽，罢不急，慎偏听，近忠厚，远便佞而已。夫守之则易，得之实难。今既得其所难，岂不能保其所易？

保之不固,骄奢淫泆有以动之也。"(《新唐书·魏徵传》)唐太宗听后,大为震惊,说"非公不闻此言"。

贞观十一年(637),唐太宗为了个人享受,准备在洛阳营建飞山宫。魏徵获知后,立即上书唐太宗,希望唐太宗能够记取隋炀帝"穷奢极欲"而亡国的历史教训,引以为戒。他在所上之疏中说:"彼炀帝者,岂恶治安、喜灭亡哉?恃其富强,不虞后患也。驱天下,役万物,以自奉养,子女玉帛是求,宫宇台榭是饰,徭役无时,干戈不休,外示威重,内行险忌,逸邪者进,忠正者退,上下相蒙,人不堪命,以致殒匹夫之手,为天下笑。"接着,魏徵又积极地肯定了李世民"圣哲乘机,拯其危溺"的功绩,以今日的太平盛世,劝说唐太宗:"若能鉴彼所以亡,念我所以得,焚宝衣,毁广殿,安处卑宫,德之上也。若成功不废,即仍其旧,除其不急,德之次也。不惟王业之艰难,谓天命可恃,因基增旧,甘心侈靡,使人不见德而劳役是闻,斯为下矣。以暴易暴,与乱同道。夫作事不法,后无以观。人怨神怒,则灾害生;灾害生,则祸乱作;祸乱作,而能以身名令终者鲜矣。"(《新唐书·魏徵传》)通过这些奏疏,魏徵力陈创业守成之辩理。

贞观十三年,魏徵针对唐太宗对自己约束不严,特向唐太宗上奏了一封奏章,从十个方面指出他"渐不克终"的问题,劝谏唐太宗要保持贞观初期的节俭、淳朴和谨慎的作风,这就是历史上著名的《谏太宗十思疏》。唐太宗看到这篇奏疏后十分吃惊,为了防止自己遗忘,就把"十思"写在屏风上,便于日日提醒自己。总起来说，魏徵的这些戒奢倡俭的诤言对唐太宗励精图治颇有教育意义。所以，唐太宗就曾不无感慨地说："贞观以后，向我尽忠，犯颜正谏，匡正我的过失，为安国利民深谋远虑的只有魏徵。"

魏徵不仅积极倡导节俭，而且对自己的要求也是极为严格的。他一直过着清廉俭朴的生活。魏徵年轻时就不置产业，官至宰相以后，清廉节俭依然如故。后来，由于操劳过度，心力交瘁，魏徵一病不起。唐太宗派人带着礼品来看望魏徵。结果发现，魏徵住的房子连个正堂都没有，非常简陋。唐太宗知道此事后，就把准备给自己营造宫室的材料送给魏徵，让其重新修建，又"遣中使赍素褥布被而赐之"（《贞观政要·任贤》），以便补家用之缺，结果都被魏徵婉言谢绝了。

贞观十七年，魏徵病逝。唐太宗听闻后，遂下令为魏徵罢朝五天，以示哀悼，并且下令文武百官都要去吊唁。唐太宗还准备按照一品官的规格为魏徵举办丧葬。魏徵的夫人辞谢说："徵素俭约，今假一品礼，仪物褒大，非徵志。"（《新唐书·魏徵传》）她认为这样的礼仪规格太高，不是魏徵生前所愿，请太宗准其简葬。唐太宗只好遵从魏徵遗愿而薄葬。出殡之日，唐太宗登上宫苑高楼，朝着魏府方向垂哀，并亲自为魏徵写下碑文一篇，刻石立于魏徵的墓前。这些行为都充分说明了唐太宗对魏徵清廉为官的敬重。

葬过魏徵之后，唐太宗仍追思不已，还对身边的人说："夫以铜为镜，可以正衣冠；以古为镜，可以知兴替；以人为镜，可以明得失。朕常保此三镜，以防己过。今魏徵殂逝，遂亡一镜矣。"后人对魏徵之赞曰："智者不谏，谏或不智。智者尽言，国家之利。郑公达节，才周经济。太宗用之，子孙长世。"(《旧唐书·魏徵传》) 可以说，魏徵的思想与言行，始终贯穿着"居安思危，节奢以俭"的基本精神。他把廉德、廉政与国家的兴衰存亡联系在一起了，对于反腐倡廉具有重要意义。

2. "鲠正廉直"的宋璟

宋璟（663—737），邢州南和人，唐代名臣。宋璟年少时，就耿介有大节，博学，工于文辞。二十岁考中进士，在武则天、唐中宗、唐睿宗、唐玄宗四朝均出任要职。开元年间，又接替姚崇为相，在推进"开元盛世"局面形成的过程中起了巨大的作用。宋璟鲠直清正，廉隅有守，为了国家的兴盛而把个人生死荣辱置之度外。

宋璟为官时，竭尽全力选择任用清官廉吏，同时注意对良臣的保护。长安三年（703），宰相魏元忠遭到张易之、张昌宗兄弟的陷害，被打入大狱。张昌宗又威胁利诱凤阁舍人张说让其做伪证，准备置魏元忠于死地。身为御史台中丞的宋璟发觉后，不惧淫威，刚正不阿，秉公执法，立即找到张说并义正词严地告诉他说："名义至重，鬼神难欺，不可党邪陷正以求苟免！"(《资治通鉴·唐纪》) 劝说张说要讲实话。宋璟作保，若有杀身之祸，一定叩阁力争，与张说同生共死。张说在宋璟的凛然正气感召下，据实禀告，使魏元忠幸免于难。

早在入仕之初，宋璟就曾作《梅花赋》一首，诗中写道："万木僵仆，梅英载吐，玉立冰洁，不易厥素。"可以说，这正是宋璟自己一生清正奉公的写照。他曾顶着武则天的盛怒，审讯过宠臣张昌宗；曾营救过告发武三思的韦月将，迫使唐中宗收回了死刑诏令；曾和姚崇奏罢"斜封官"，大破公主、后妃们的裙带关系，使唐睿宗时期的吏治得到整饬；还与挟持唐睿宗的太平公主斗争，结果被贬为地方官。

宋璟在广州任都督期间，廉勤为民，多有惠政。宋璟被拜为相后，吏民们打算立颂碑纪其功德，恪守廉政的宋璟却坚决不许。他向唐玄宗"请敕广府即停"，下诏制止立碑，于是其他各州都不敢立碑了。有一次，有人向宋璟引荐一个叫范知璿的人，还献上了他的《良宰论》一文。宋璟读过范知璿的文章，见文中尽是吹捧自己的谀美夸饰之词。对此，宋璟深恶痛绝。于是，他提笔批道："观其《良宰论》颇涉佞谀。"（《资治通鉴·唐纪》）可以说，宋璟的这一做法，给那些阿谀奉迎、投机取巧之徒以深刻教训。还有一个叫宋元超的人，在朝廷遴选官吏时，向吏部报称自己是宋璟的堂叔父，要让吏部给分派个美差肥缺。宋璟闻讯后，立即致函吏部说："宋元超是我的三从叔。我作为宰相，既不能隐瞒亲戚，更不愿徇私损公。三从叔倘若没有公布我们是叔侄关系，选拔时本可公事公办，量才授职；现在他挑明了我们的亲戚关系，那么只能矫枉过正,将他从候选名单上除名。"宋元超本指望着能沾点侄儿宋璟的光,结果弄巧成拙,让廉洁奉公的宋璟给砸了如意算盘。

宋璟在宰相位上,还多次犯颜直谏,匡正唐玄宗的过失,使国家政治清明,国势日益强盛。可以说,唐玄宗是十分赞赏宋璟的刚正廉直的。在一次春宴上,唐玄宗命令左右侍臣赏赐宋璟金筷子一双,宋璟则回应说:"莫知其由,未敢陈谢。"唐玄宗意味深长地说:"非赐汝金,盖赐卿之箸,表卿之直也。"这正是千古传诵的"赐箸表直"的佳话。

开元二十年(732),宋璟因年事已高,故上《乞休表》,请求致仕,获得恩准。两年后,宋璟去世,终年七十五岁。宋璟一身正气,廉直奉公,其德才和政绩生前就被人充分肯定,后世史家又给予了高度的评价。同朝大臣卢怀慎在其临终遗表中赞誉宋璟说:"立性公直,执心贞固,文学足以经务,识略期于佐时,动惟直道,行不苟合,闻诸朝野之说,实为社稷之臣。"(《旧唐书·卢怀慎传》)

可以说,鲠正廉直的宋璟深得人们的赞誉,成为古代清官循吏的典范。他身上所体现出的优秀传统伦理道德,至今仍熠熠生辉。

3. "清廉奉公"的陆贽

陆贽(754—805),字敬舆,吴郡嘉兴人。陆贽从小勤奋好学,孤傲不群。大历八年,十八岁的陆贽就中得进士。此后,陆贽先后出任监察御史、翰林学士、兵部侍郎、中书侍郎等职。后因户部侍郎裴延龄的构陷而被罢相。永贞元年，卒于任上，被追赠为兵部尚书。陆贽善工诗文，长于制诰政论，是唐代著名文学家、政论家。陆贽为官期间，既有兼济天下之志，又有清慎自持之德。他一生勤修廉隅、清正奉公，对于收受贿赂、送人情、通关节一类丑陋的官场风气，深恶痛绝，从不染指不义之财。

早在他入仕之初，陆贽就曾顺道拜访当时名重一方的寿州刺史张镒，两人见面后交谈了三天。张镒认为陆贽是一位奇才，与他结为忘年之交，并拿出钱作为赠礼，说"请作为母亲大人一日的费用"。陆贽不肯接受分文，只收了一串茶叶，并说"斗胆不收您赠送的厚礼"。贞元年间，陆贽的母亲去世，在洛阳为其办理丧事。这时有人趁机送礼，陆贽却是一无所受，将朝野的助丧赙仪全都拒之门外。

担任宰相以后，陆贽常常对官场上贿赂之风公行而担忧，以自己未能导扬风教、致俗清淳而惭愧。所以，陆贽愈加勉修廉德，持守志节。当时，各地藩镇为了巩固自己割据一方的权势，往往是想方设法地以重贿厚赂去结交朝廷重臣。他们更是将宰相陆贽视为重点拉拢的对象。他们总是不遗余力地去馈赠给陆贽各种礼品，重到金玉财宝，轻到鞭靴日常用品。可是，陆贽一概不收，完璧奉还。

陆贽的廉洁举止，自然会遭到那些贪赃受贿之徒的诟病，那些人说他故作清高、沽名钓誉。唐德宗也对陆贽的良苦用心视而不见，责怪他"清慎太过"，甚至还专门下了一道密旨向陆贽宣谕，告诉他说对别人的馈赠一概拒绝，那样会造成下情不通，而且办起事来也会不大方便；如果不愿意接受贵重财物，像鞭靴之类"细小物品受亦无妨"。当然，陆贽对唐德宗的这一特别"关照"并不以为然。他立即向唐德宗呈上奏疏，严正地指出为官者无耻受贿是不关心国家命运的行为，会招致杀身之祸。陆贽认为，朝臣和地方官之间不是依靠受贿的方式来实现相互取信的；相反，贿赂只会加剧人的贪婪，影响到正常的人际交往，违背和败坏法制。陆贽还明确地指出："贿道一开，展转滋甚。鞭靴不已，必及衣裘；衣裘不已，必及币帛；币帛不已，必及车舆；车舆不已；必及金璧。"（《全唐文》第五部卷四七三）只要开了纳贿的头，那必然会导致"涓涓不止，溪壑成灾"的严重后果。

可以说，陆贽是从国家前途命运的高度，来认识贿赂的危害。他曾顶着唐德宗的盛怒，揭露奸佞幸臣裴延龄化公为私、索贿受赂的劣迹。但是在腐败黑暗的氛围里，陆贽"欲以片心除众弊，独手遏群邪，君上不亮其诚，群小共功其短"（《旧唐书·列传》卷八十九），终于被罢相、贬窜。总的来说，陆贽是唐代一位有远见、有胆识、有才学的大政治家。宋代大文学家苏轼，在《乞校正陆贽奏议进御札子》一文中，曾对陆贽给予了高度地评价，他说："唐宰相陆贽，才本王佐，学为帝师……智如子房而文则过，辨如贾谊而术不疏。"

第六章

冲突融合中的多维呈现

宋元时期（960—1368）上承隋唐，下启明清，是中国封建社会发展史上的重要历史阶段。这一时期，在政治上，先后出现了辽、北宋、西夏、金、南宋、元等朝代或政权。它们在连绵不断的战争与冲突中逐渐地由分裂走向统一。在民族关系上，契丹、党项、女真、蒙古等诸多少数民族同汉民族之间也在不断的冲突与交往中而日渐融合，为统一的多民族国家历史发展做出了重要贡献。在思想文化上，隋唐时期，佛老兴盛，儒家的正统地位动摇，出现了儒、释、道三家鼎立的局面。儒学存在的先天不足之处，使其难以完全取代佛、道两家。在三家激烈的竞争中，儒学缺乏理论性和思辨性的弱点完全暴露出来。儒学严重的缺陷和面临的挑战，致使许多儒家学者激动不安，他们一心要改变儒学的困境。儒释道三家虽然存在着许多矛盾和对立，但它们也不是毫无相通之处的。正是在儒、释、道三教的冲突与融合中，理学得以产生。所以，宋元时期，无论是从政治与民族发展上来看，还是从思想文化上理学的产生来看，冲突与融合都成为这一时期的突出特征。

在这种多元的冲突与融合背景下,中国传统的"廉洁"范畴继续向前发展,并且得到了多维的呈现。封建统治者们,如宋太祖、金世宗、元世祖等人为了稳固其统治而积极地倡廉反贪;以周敦颐、二程、朱熹为代表的理学家们对"廉"范畴进行了新的阐释。专门记录为官之道和从政之德的"官箴书",如陈襄的《州县提纲》、张养浩的《牧民三告》等,也都提出了诸多的劝廉主张;在家风家训方面,如《包拯家训》《司马光家训》等,都极为重视清廉传家,教育子孙后代要清廉自守。此外,以范仲淹、寇准为代表的一大批清官循吏,也在积极地践行着清廉为政的为官之道,共同推动着"廉洁"思想的发展。

一、宋元时期封建皇帝的戒奢倡廉

1. 兴廉黜贪:宋太祖的廉政举措

宋太祖赵匡胤(927—976)是北宋王朝的建立者。960年,他发动陈桥兵变,取得帝位,建国号为宋。为了巩固赵氏政权,实现大宋江山的长治久安,宋太祖采取了一系列缓和阶级矛盾和加强中央集权的措施。当然,宋太祖也深知,吏治的清正廉明对于国家政权的稳固具有特殊的意义。为此,宋太祖采取了诸多措施来澄清吏治、防治贪腐。

宋太祖从五代以来皇帝们骄奢淫逸而终致亡国的历史事实中

汲取教训，倡导清廉节俭，以培育社会清正廉明之风。虽贵为天子，宋太祖依然保持着称帝之前粗淡饮食的习惯，平常所穿的衣服也极为俭朴。当宋太祖灭蜀后，他看到蜀国君主使用的便壶上镶有七颗宝石，便慨叹地说："用宝石装饰便壶，那饭碗又该怎样？像这样奢侈，怎会不亡！"《续资治通鉴·宋纪》中就记述宋太祖"常衣浣濯之衣，乘舆服用，皆尚质素，寝殿设青布缘苇帘，宫闱窑幕，无文采之饰"。有一次，公主劝宋太祖要用黄金把他乘坐的轿子装饰一番，宋太祖却回答说："我拥有天下的财富，即使所有的宫殿用金银来装饰都是很容易办到的事情。但是，我的职责是为全天下守住财富，哪能随便乱用财富呢？古时候说，让一个人来治理天下，不可以让全天下来侍奉一个人呀！"宋太祖还时常检讨自己的生活作风，告诫自己不要醉酒。他说："沉湎于酒，何以为人？朕或因宴会至醉，经宿未尝不悔也。"可见，他对自己曾经的醉酒行为是后悔不已的。宋太祖不仅自己节俭，还要求子女及身边的人也要注意俭朴。有一次，永庆公主回宫看望父母，穿着贴绣铺翠的华丽衣服，宋太祖看到后告诉她，以后不要再穿这样的衣服了；否则，宫闱之妃嫔、世家之大族们就会争相效仿，那么"翠羽"就会涨价，人们为了追利而从事辗转贸易，进而导致人们舍本逐末。宋太祖喜好打猎，有一次打猎中追赶兔子，马突然仰倒，把他掀翻在地。太祖一怒之下，抽出佩刀当即把马杀死。事情过后，他感到非常后悔，说："我是天下君主，应该严格要求自己，可是竟随意出去打猎，又一怒之下把马杀死，马有什么罪过？"从此以后，宋太祖再也不打猎了。可以说，宋太祖以自己的言行砥砺臣下和子女，厉行节俭，为宋初吏治清明局面的出现创造了良好环境。

鉴于五代以来贿赂公行、纲纪废弛的现状，宋太祖深谙"王者禁人为非，莫先于法令"之道，故而把严惩贪官作为其施政的主要举措之一。在沿袭唐律和汲取五代刑规的基础上，宋太祖着手制定了较为详尽的惩贪之法，对官吏的贪腐行为进行严格的限制和严厉的惩治。清代史学家赵翼就曾指出："宋以忠厚开国，凡罪罚悉从轻减，独于治赃吏最严。盖宋祖亲见五代时贪吏恣横，民不聊生，故御极以后，用重法治之，所以塞浊乱之源也。"（《廿二史札记》卷二十四）《宋史》中，有大量的事例可以说明宋太祖严惩贪官的情况：如建隆二年（961）四月，"商河县令李瑶坐赃杖死"；五月，供奉官李继昭坐盗卖官船弃市；八月，大名府永济主簿郭凯坐赃一百二十万，弃市。乾德二年（964）五月，宗正卿赵砺坐赃杖、除籍。乾德三年（965）四月，职方员外郎李岳坐赃弃市；八月，殿直成德均坐赃弃市；十月，太直中舍王治坐赃杀人弃市。开宝三年（970）十一月，右将军卫将军石延祚监仓与吏为奸赃弃市。类似的记载还有很多，这说明宋太祖非常注重以严刑峻法惩治贪官污吏。对犯赃之贪官，宋太祖还实行不赦免、不用荫、不叙用的政策。如在开宝元年（968）、开宝四年（971）的两次大赦中，宋太祖就明确规定"十恶""故意劫杀"和"官吏受赃"不在赦免范围之内。此外，为了保证吏治的清廉，宋太祖还严禁官吏从事商业活动或变相从事商业活动。乾德元年（963），兵部郎中曹匪躬、海陵监屯田副使张霭因资助别人从事贩运贸易以获取好处，被人告发，结果曹匪躬被弃市，张霭被除籍为民。可以说，宋太祖的这些举措在某种程度上使得想贪污受贿者有所收敛，对禁止官吏贪腐起到积极作用。此外，宋太祖还颁行《戒石铭》，"尔俸尔禄，民膏民脂。下民易虐，上天难欺"，时刻提醒与告诫为官者要勤勉简朴。

宋太祖还注意到，官吏俸禄的高低不仅直接影响到他们的实际生活水平，还与他们能否廉洁从政存在一定的关系。他认为如果官吏人员太多，俸禄微薄，那就很难求得他们廉洁勤勉地工作。他指出："与其冗员而重费，不若省官而益俸。"（《续资治通鉴·宋纪》）所以，宋太祖想通过减少官吏人数、提高俸禄的办法来促进廉政建设，实现吏治的清正廉明。他在西川首先进行试点，规定人口两万户的地区，依旧设置曹官三人；不满两万户的，只设录事参军和司法参军各一人；不满二百户的，只设主簿兼县尉一人。官吏人员的数量降下来了，然后再重新确立官吏的俸禄标准，使官吏远离"贪鄙之行"。可以说，宋太祖想依靠增加俸禄的办法，来保障官吏的廉洁从政，其出发点和用意是好的，但高薪未必一定就能带来廉政，而应该是想办法在提高官吏的道德素养上下功夫。

总起来说，宋太祖通过倡俭养廉、惩贪保廉和增俸养廉等方式来加强廉政建设，尽管有其阶级和时代的局限性，但它对于北宋初年的政治清明和经济的恢复与发展具有积极意义。

2. 倡廉惩贪：金世宗的廉政举措

金世宗（1123—1189）是金太祖完颜阿骨打的孙子，中国历史上一位非常有思想、有作为的皇帝。他在位的时间是1161—1189年，这些年间正是金代历史上最为辉煌的时期。尽管这一繁盛局面的出现是多方面因素共同所致的，但很大程度上也是与金世宗本人实施的崇尚节俭、奖廉肃贪等廉政措施密切相关的。《金史·世宗纪》中记载：金世宗在位期间，"躬节俭，崇孝弟，信赏罚，重农桑，慎守令之选，严廉察之类……群臣守职，上下相安，家给人足，仓廪有余"，还称他不仅"孜孜为治，夜以继日""得为君之道"，而且有高尚品德，个人生活上严格自律。

金世宗是在政局混乱之际登上帝位的，面对"民皆被困，衣食不给"的社会窘境，他深刻地认识到唯有厉行节俭，才能巩固统治，恢复发展经济。他说"朝廷苟不自正，何以正天下"，认为要实现整个社会都厉行节俭，朝廷大臣和王公贵族必须先从自身做起。所以，在具体的节俭实践中，金世宗做到尽量避免大兴土木。他即位后不久，出于政治统治的目的而决定迁都，但为了避免大兴土木、劳民伤财，就特地下诏说："凡宫殿张设毋得增置，无役一夫以扰百姓。"在他执政的近三十年间，除1179年修建了太宁宫之外，再也没有进行其他大规模的工程营造。金世宗还非常注意日常生活的节俭。金大定二年（1162），金世宗就下令把御膳和宫中的食物减去一半。他很少饮酒，只有在元宵、中秋等重大节庆才饮用少许。菜肴十分简单，食后没有剩余。有一次，女儿前来看望他，恰巧遇到他正在吃饭，竟然没有多余的饭菜给女儿吃。他穿的衣服也是一穿几年，直到破旧了才换新的。有一天，他和几位皇子在广仁殿一起用膳，席间训诫他们要省吃俭用，并撩起自己的龙袍说，这件袍子已经穿了三年了，至今未破。侍臣们劝诫他衣食不必过于俭约，担心有失天子身份。金世宗却说："天子也是人，奢侈靡费无益。天子能躬行节俭，更不是什么坏事。"此外，金世宗还时常教育太子、亲王和大臣们要避免铺张浪费。太子詹事刘仲海向金世宗提出请求增加东宫的经费和陈设，金世宗并没有同意。他认为东宫的经费已有规定，而且陈设家具也都有，没有必要再增添新的了。金世宗执政末年曾对大臣们说："朕年来惟以省约为务，常膳止四五味，已厌饫之，比初即位十减七八。"(《金史·世宗纪》)可以说，金世宗崇尚节俭，既是受儒家崇廉尚俭思想的影响，也是基于巩固政治统治的需要，这对于经济不景气的金朝来说，不仅有利于社会生产的恢复与发展，而且也有利于整个吏治的清正廉明。

金世宗认为，官风不良是为政之大忌，官风败坏必然会危害到政治的稳固。所以，自即位起，金世宗就非常重视整顿吏治，奖廉惩贪。他对贪赃枉法者严惩不贷。他说："法者，公天下持平之器，若亲者犯而从减，是使之恃此而横恣也。"(《金史》卷四十五) 1172 年，金世宗得知咸平尹石抹阿没剌因犯赃而死于狱中的消息后，说："不尸诸市已为厚幸。贫穷而为盗贼，盖不得已。三品职官以赃至死，愚亦甚矣。"（《金史·志》）认为三品官吏犯赃至死，实在是不可理解，愚蠢至极。他还说："涉于赃罪，虽朕子弟亦不能恕。"（《金史·本纪》）认为只要坐赃，不论是谁都不能饶恕。他还三令五申，"诏吏犯赃罪，虽令赦不叙"，即使是不识字、不懂法的女真亲军也必须绳之以法、决不姑息。

当然，对那些廉能的官吏，金世宗大力地提拔重用。金大定三年（1163），世宗又制定了廉能与污滥官奖惩条例，即："命廉到廉能官第一等进官一阶升一等，其次约量注授。污滥官第一等殿三年降二等，次二年，又次一年，皆降一等。诏廉问猛安谋克，廉能者第一等迁两官，其次迁一官。污滥者第一等决杖百，罢去，择其兄弟代之。第二等杖八十，第三等杖七十，皆令复职。蒲辇决则罢去，永不补差。"（《金史》卷五十四）

在金世宗即位之初，就制定出官吏的考核标准，把官吏分为廉能、污滥和不职三种，每一种又分为三等，廉能者得到提升，污滥和不职者就要受到惩罚。如《金史·移刺道》就有："廉能官景州刺史耶律补进一阶，单州刺史石抹靳家奴、泰宁军节度副使尹升卿、宁陵县令监邦彦、浚州司候张匡福各进两阶。贪污官同知浚州防御使事蒲速越、真定县令特谋葛并免死，杖一百五十，除名。"可以说，金世宗积极倡廉惩贪，为政治上清正廉明局面的出现起到积极作用。所以，金世宗本人也被后人称为"小尧舜"。

金世宗深知"百务烦冗，政在用人"的道理，所以，他非常重视对人才的选用。他说："朕思得贤士，寤寐不忘。自今朝臣外出,即令体访外任职官廉能者,及草莱之士可以助治者,具姓名以闻。"(《金史·世宗上》)"国家事务,皆须得人。"金世宗取人之标准是唯才是用,不避亲疏、不论资历深浅。他尤其重视官吏的清廉正直之品质。金世宗曾言:"人之有干能,固不易得,然不若德行之士最优也。"大定二十七年(1187)二月,世宗下诏:"凡为官但得清廉亦可矣,安得全才之人。可进官一阶,升为令。"(《金史·世宗下》)可见,金世宗用人并不苛求十全十美,但对德行清廉者却特别看重,既可例行升任,又可越级提拔。所以,当时有一大批德才兼备之人得到了选拔与重用。如王蔚在海陵王时名声不好,但颇有才干,世宗初年任河北东路转运使,后来廉察第一,故被提拔为参政知事。他还说:"县令之职最为亲民,当得贤材用之。"(《金史·世宗中》)认为州县一级的官吏,虽然品级较低,但对于整个国家的统治来说,至关重要,必须选拔有德行之人任之。对于那些有能力而又为政清廉的官员,可以不拘泥资历而升迁。所以,金世宗在位期间,大力提拔任用了一批清廉而有能力的县令,也汰除了一批不称职的县令。金世宗选用廉能之人参与到国家的管理中,为政治的清正廉明提供了可靠的人才保障。

3. 元世祖加强吏治的措施

元世祖忽必烈生于1215年,1260年继承汗位,1271年改国号为大元,1294年去世。他在位的三十多年是元代政治最为清明

的时期。这一政治清明局面的出现,很大程度上得益于元世祖的一系列廉政举措的实施。具体来说,主要包括:

注重选拔任用廉洁之人为官。吏治的好坏,直接关系到政权的稳固与否。同时,官吏的表现如何,会直接影响到民风,乃至整个社会的风气。元世祖曾指出,县尹品秩虽低,但若任用非人,必然会使朝廷恩泽不能下及,民情不能上达。所以,必须要选择清正廉洁之人为官从政,这样才能保证封建官场的政治清明。当时,政府就规定了官吏升迁的五条标准:户口增、田野辟、词讼简、盗贼息、赋役均。1272年,又出台了新的规定,对官吏升迁依据进行了具体说明:"五事成者为上,于应得品级上升一等;三事有成者为中选,依常例迁转;五事具不备者降一级。"1278年,南宋刚亡,江南局势未稳,元世祖在稳定民心的同时,注意察检官员称职与否。他指出:"吏廉能者,举以闻;其贪残不胜任者,劾罢之。"1282年,根据元世祖的意见,定出"内外官以三年为考,满任者迁叙,未满者不许超迁"(《元史·本纪》)的规定。1291年颁布的《至元新格》中又重申:诸官员在任期间功罪如何,送吏部备查,到选用之日,于应得资品上视其功罪任用。如果隐匿罪过,增饰功劳,监察御史可以纠弹官员;若犯赃罪黜降或因廉能升迁,事迹昭著者应行文照会各处,以便在任官员共知劝诫。本地人在本地做官,往往会产生很多流弊。所以,元世祖也实行了回避政策。如至元五年就规定:"今后斟酌地理远近,回原籍诊注。"

制定约束官吏行为的诸多举措。灭亡南宋之后，有些地方官吏热衷于经商谋利，在别处买到货物，利用行政手段加价卖给商贩，或是依仗权势，让亲戚低价收买本地土特产品，再到别处高价出售。对于这种明目张胆的"官倒"活动，元世祖获知后，立即颁布诏书对其加以禁止。有的官豪权势之家从事一些放高利贷的活动，借贷利息高达五分或一倍以上，若无钱归还，除已经缴纳的钱之外，再倒换契约累算利钱，到期不能偿还者，需用人口抵债。这些给贫苦百姓造成很大灾难。1282年，元世祖出台规定，明确借债利息定为三分，若有违规，容许人们向官府告状；若情况属实，将多取利息归还借钱人，本利官府没收，犯人治罪。1283年又规定：今后求仕官吏在未授除其间，不得于省院台部等内外诸衙门当该官吏处私第谒诧酬谢及邀请宴会。如违，当该官吏并求仕人员一体究治。这些严厉的措施与规定，促使官吏不敢有过分渎职扰民之举，有效地稳固了封建统治和维护官僚队伍的整体利益，有助于官吏们的清廉为政。

此外，元世祖还采取了"颁俸养廉"的措施。在前代"俸禄养廉"思想的基础上，元世祖颁布诏书，规定如果官员犯罪离职俸禄将停发；如果能证实未曾犯罪，将再进行补发。如果因犯罪解任勒停者，即使没有离职，也不再发给俸禄。如果所犯罪不至于勒停离职，也未曾离职的，俸禄照旧发放。官员因事请假，凡经上司批准的，俸钱照常发放；但如果超过假期未能入职的，则按规定扣除俸钱。如果官员因患病而不能正常工作，百日之内俸钱照发，百日外停俸；从停俸日起限一年内赴任，否则勒令致仕。

总起来说，元世祖采取的这一系列举措，有力地促进了元朝初年政治清明局面的出现，也为元初社会经济的恢复与发展提供了有利的条件。

二、理学诸子的廉洁思想

理学，亦称为新儒学、道学或宋学，是一种以儒学为主体，吸收、改造了佛、道哲学，在涵蕴儒释道三家思想精髓的基础上而建立起来的伦理主体性的本体论。作为封建社会后期的主导意识形态，理学的构建对中国传统思想文化的影响巨大。它将重伦理、重道德传统精神推向极致，进而对传统廉洁思想发展产生重要影响。礼治秩序的重建，为封建统治者的反腐倡廉提供了哲学高度上的理论依据；内圣经世路线的高扬，进一步强化了传统的重义轻利观念；理想人格的重塑，为清官廉吏品格的铸造提供了准绳。宋明时期，理学诸子如周敦颐、二程、朱熹、陆九渊等人均提出了重要的廉洁思想。

1. 周敦颐的廉洁思想

周敦颐（1017—1073），字茂叔，湖南永州道县人，因故里有泉流名"濂溪"，世称濂溪先生，宋代著名理学家。周敦颐长期担任地方官员，曾三度在郴州任职，前后任期长达七年有余。周敦颐为政清廉，品德高尚，爱莲取德，修己治人。《宋元学案·濂溪学案上》中有黄百家之按语说："孔孟而后，汉儒止有传经之学。性道微言之绝久矣。元公崛起，二程嗣之，又复横渠诸大儒辈出，圣学大昌。故安定、徂徕卓乎有儒者之矩范，然仅可谓有开之必先。"周敦颐在世五十七年，留给后人的作品仅有六千余言，与那些著作等身之人相比，似乎显得有些微不足道。但是，周敦颐"上承孔孟，下启程朱"，在中国儒学发展史上所具有的重要地位却是毋庸置疑的。

周敦颐为官从政时，早年曾任洪州分宁县主簿及几任县令，后任南安军司里参军，晚年任广东转运判官、广东提刑。虽然官职不大，但周敦颐所到之处皆有实绩。史料记载，周敦颐在南昌任知县时，有一次病危，昏迷了一天一夜，朋友们准备为他安排后事。但大家"视其家，服御之物，只做一箧，钱不满百"，也就是说家中值钱的东西不足百文，他的好友潘兴嗣看了以后由衷地称赞说："其廉士也。"在任湖南汝城县令时，也只有一个高四尺、宽五尺的木柜伴随，用以存放文件、衣物，无多余物件。他从二十四岁出仕做官，到五十六岁辞官归隐，在三十多年的为官生涯中，丝毫没有染上官场上贪污敛财的恶习，在历史上留下了清廉的好名声。黄庭坚曾对周敦颐给予极高的评价："人品甚高，胸怀洒落，如光风霁月。廉于取名而锐于求志，薄于徼福而厚于得民，菲于奉身而燕及茕嫠，陋于希世而尚友千古。"（《宋史·周敦颐传》）清代的张伯行也曾叹道："故当其出，则政事精绝，宦业过人；当其处，则胸怀洒落，故光风霁月。"可以说，周敦颐为官躬行勤政廉洁，堪称儒家学者从政之典范。周敦颐在担任广东路提刑期间，多次到连州巡视，途经巾峰山麓，见一山泉潺潺不绝，遂在泉水之下的石崖上题写"廉泉之源"，以此来警示后来者要清廉为政，正直为人。

周敦颐不仅为官处事的政绩卓越，而且其清正廉洁思想在他的著作或诗文中也多有阐述。他虽然鲜有用"廉"字直白道德操守，但他的思想人格中即已包含了"廉"的内容。在脍炙人口的《爱莲说》中，他就写道：

> 水陆草木之花，可爱者甚蕃。晋陶渊明独爱菊。自李唐来，世人甚爱牡丹。予独爱莲之出淤泥而不染，濯清涟而不妖，中通外直，不蔓不枝，香远益清，亭亭净植，可远观而不可亵玩焉。
>
> 予谓菊，花之隐逸者也；牡丹，花之富贵者也；莲，花之君子者也。噫！菊之爱，陶后鲜有闻。莲之爱，同予者何人？牡丹之爱，宜乎众矣。[1]

《爱莲说》仅一百一十九个字，却字字珠玑，意蕴深刻。学术界虽然对《爱莲说》与佛教《华严经探玄记》之思想有不同的见解。[2] 但

---

[1] 周敦颐：《周敦颐集》，中华书局1990年版，第53页。

[2] 详见侯外庐、邱汉生、张岂之主编：《宋明理学史》，人民出版社1997年版，第81页；韩钟文：《中国儒学史》宋元卷，广东出版社1998年版，第301页。

是,对《爱莲说》中所包含的君子情怀和廉洁精神是基本认同的。周敦颐以"莲"喻"廉",以"莲"之"不染""不妖""不蔓""不枝""不可亵玩"的"五不"思想来高度概括为官之德和为人之德。这也正是周敦颐做人、为官的行为准则。可以说,《爱莲说》中所蕴含的清廉思想与价值观念,至今读来仍发人深思。

在《任所寄乡关故旧》中,他又写道:

老子生来骨性寒,宦情不改旧儒酸。
停杯厌饮香醪味,举筋常餐淡菜盘。
事冗不知筋力倦,官清赢得梦魂安。
故人欲问吾何况,为道春陵只一般。

通过这一首诗,周敦颐直接告诉父老乡亲,自己虽然做了官,但仍淡泊名利,不趋炎附势,不追求荣华富贵,这恰恰是周敦颐清廉一生的生动写照。周敦颐一生为官清廉、为政勤勉、为人正直。他将"廉"与"洁"有机结合,从而形成独立的廉洁文化,发挥了独有的教化功能,影响了一代又一代为官从政者。

2."二程"的反贪倡廉思想

"二程"即指程颢(1032—1085,世称"明道先生")、程颐(1033—1107,世称"伊川先生")兄弟二人,洛学学派的代表。他们在继承和发展唐代中期、宋代初期儒学复兴运动中义理之学成果的基础上，又与当时其他学派争鸣，经过相互驳难、吸收，最终形成了具有时代特色的理学学说。在二程的理学思想中，从义利之辨、理欲之辨等学理层面，对"廉"的范畴进行了阐释，推动了传统廉洁思想的发展。在二程的思想体系中，对于为官者如何才能做到清廉为政的问题，也有系统论述：

一是为政者要加强自我修身，实现"以德养廉"。《河南程氏文集》中说："君志定而天下之治成矣。"在二程看来，端正君心，完善君主个人的道德品行，这是实现政治清正廉明的根本之所在。那么，为政者应该如何加强道德修养呢？从根本上说，必须处理好义与利、理与欲的关系。二程非常重视义利关系，他们认为："大凡出义则入利，出利则入义。天下之事，惟义利而已。"也就是说，义利是天下的根本大事，但又认为义利二者的关系如水火之不相容，有义则无利，有利则无义。那么，如何协调义利之间的关系呢？一方面，二程认为，利是人生的正当要求，没有利，人不能生存，君主也不能不欲利；另一方面，他们又提出不能以利害义，而应该坚持义为利先。同时，二程又把"义利关系"归结为"公私关系"。《二程集·语录十七》中就说："义与利，只是个公与私也。才出义，便以利言也。"

二程认为，道德修养必须是出利而入义，肯定"不论利害，惟看义当为不当为"的价值取向。可以说，"出利入义"集中地反映了二程的道德价值观。在他们看来，不讲义，只求利，是小人的行为，俗人的品质；不论利害，"惟看义当为不当为"，则是君子的行为，圣贤的德性。他们还提出："贤者惟知义而已，命在其中。"贤者在任何情况下都应以完成自己的道德义务为准绳，不计较利害得失。这一哲学命题对倡廉有着积极意义。凡是以义为上，不论利害，唯以义为判断准则，贪墨自然就会被远离。

　　理与欲也是中国传统哲学中论及的一对重要范畴，是中国传统伦理学的重要命题。它主要涉及道德原则与物质利益、道德理性与感性欲望、群体利益与个体利益等多个层面的相互关系。由于受前儒"以理制欲"思想和佛、道两家禁欲主义思想的影响，宋明理学家们在认识理欲关系时，多从理欲对立的层面来谈论，提出了"存理灭欲"的思想。二程讲："人无利，直不得，安得无利？"(《河南程氏遗书》卷十八)"君子未尝不欲利。"(《河南程氏遗书》卷十九)二程认为"不是天理，便是人欲"，"人欲肆而天理亡矣"(《河南程氏粹言》卷二)，而"灭私欲，则天理自明矣"(《河南程氏遗书》卷二十四)。那么，如何才能"灭私欲，存天理"呢？二程提出，必须要加强道德修养。"学者须是将敬以直内，涵养此意，直内是本。"这里的"敬"，就是指人的内心修养。人应该笃于内心的修养而不被外物所诱惑，也有利于反贪防贪。此外，二程还提出了"清心寡欲"的见解，也是有利于反贪倡廉。

　　二是为政者要重视廉耻教育，实现"以教育廉"。二程认为，社会上之所以出现寡廉鲜耻的种种行为与弊端，其根本原因在于道德教育的缺失。他们还针对当时的教育状况指出："今师学废而道德不一，乡射亡而礼义不兴，贡举不本于乡里而行实不修，秀士不养于学校而人材多废。"(《河南程氏文集》卷一)因此，二程认为，为政者必须要坚持对民众施以道德仁义教育，使人们知晓廉耻之道，唯此才能从根本上解决社会上的腐化堕落现象。程颢就说："宋兴百余年，而教化未大醇，人情为尽美，士人微谦退之节，乡闾无廉耻之行，刑虽繁而奸不止，官虽冗而材不足者，此盖学校之不修，师儒之不尊，无以风劝养励之使然耳。"(《河南程氏文集》卷一)正是在二程以教守廉思想的影响下，程门弟子也非常重视对人们进行廉耻教育。如闽学的开创者之一罗从彦就说："教化者，朝廷之先务；廉耻者，士人之美节；风俗者，天下之大事。朝廷有教化，则士人有廉耻；士人有廉耻，则天下有风俗。"

三是为政者要注重举荐贤人，实现"以制保廉"。"人君为政在于得人。"任何的政策都是由人来制定的，也是由人来贯彻执行的，所以人也是造成政治得失的主要因素。二程认为："天下之治，由得贤也；天下不治，由失贤也。"人才的得失，是关系到政治是治还是乱的关键因素。二程又说："世不乏贤，顾求之之道如何尔？"天下并不缺乏贤才，关键在于用贤的方式与方法怎样。为此，二程提出了"慎择"的思想主张，认为为政者只有慎重地挑选人才，那样才能求得真正的人才，才能实现"贤者在位，能者在职"，人尽其才，各尽其责。这样，才能为官吏队伍的清正廉明提供可靠的制度保障。

总之，二程分别从哲学、教育和制度等多个层面提出了倡廉反贪的思想主张,对传统廉洁范畴的发展起到积极作用。

3. 德本法用:朱熹的廉洁思想

朱熹(1130—1200),字元晦,号晦庵、遁翁,徽州婺源人,南宋时期著名思想家、教育家,宋代理学的集大成者。他少年得志,但因政治立场和思想观念与当权者相逆,致使个人仕途颇为坎坷。晚年,个人失意,国家渐趋崩解,在寂寞与痛苦中,朱熹寄情山水以消愁;同时,又发奋著书立说,有《四书章句集注》《诗集传》《朱子语类》《文公家礼》《朱晦庵集》等著作传世。朱熹一生重名节、轻利禄,为官两袖清风,安贫乐道,清廉为政。他说:"官无大小,凡事只是一个公字。若公时,做得来也精彩,便若小官,人也望风畏服;若不公,便是宰相,做来做去,只得个没下梢。"(《朱子全书·论官》)他认为为官要廉、公、勤。他还说:"临财不苟得,所谓廉介;安贫守道,所谓恬退;择言顾行,所谓践履;行己有耻,所谓名节。"(《读资治通鉴》卷一四八》)官员和士人就应该重廉介、讲名节。朱熹不仅以自己廉洁为官的形象独立于朝,而且也以高尚的人格力量去影响他人。面对当时社会上吏治腐败、贪贿成风的官场政治,朱熹一方面给以深刻的批判;另一方面,也逐渐提出了依法严惩贪贿和重视自我修身的自律与他律相结合的清廉思想。

朱熹目睹了官场腐败给国家和社会带来的巨大危害,对那些不顾廉耻、毫无名节的贪官污吏深恶痛绝,极力主张要严惩贪官污吏。《朱子语类·尚书》卷七十八中说："虽曰杀之而仁爱之实已行乎中，今非法以求其生，则人无所惩惧，陷于法者愈众，虽曰仁之，适以害之。"在朱熹看来，只有对贪腐者依法严惩，才能给其他为政者以警示，这正是仁爱精神的体现。朱熹在任地方官时，深入了解地方的实际情况，依法治贪，以至于"郡县官吏惮其风采，至自引去，所部肃然"（《宋史》卷一八八），足以看出他在地方治理中依法惩贪的威名。还有，当朝宰相王淮的姻亲唐仲友任台州知州，违法收税，贪污官钱，贪赃枉法，无恶不作，致使民怨沸腾。朱熹在充分调查取证的基础上，不惜得罪当权者，先后六次上书孝宗皇帝，弹劾唐仲友。朱熹坚持认为，贪官污吏要惩处，对为虎作伥的地方恶霸也要惩治。他在长沙为官时，曾治一姓张恶人，"此人凶恶不可言，人只先平白地打杀不问……此等类甚多，若不痛治，何以惩戒"。1181年，经宰相王淮推荐，朱熹出任提举浙东常平茶盐公事。他到任后即"日与僚属寓公钩访民隐，昼夜不倦，乃忘寝食"（《朱文公文集》卷八十五）。并经常微服私访以了解实情。经过深入细致的调查了解，朱熹掌握了大量贪官污吏贪赃枉法的事实，严厉惩办了大批为非作歹的官员。可以说，朱熹这一不畏权势、不计个人得失、坚持不懈地进行惩贪的精神令人敬佩，也为南宋官场的吏治清明起到积极推动作用。

朱熹认为，加强廉政建设，依法严惩只是一个重要的手段或是权宜之计，要真正实现政治的清正廉明和人们的廉洁，关键要靠加强个人道德修养。朱熹说："士人先要识个廉退之节，礼义廉耻,是谓四维。若寡廉鲜耻,虽能文要何用!某虽不肖,深为诸君耻之。"(《朱子语类》卷一百六)他对那些不顾廉耻,毫无名节的贪官污吏深恶痛绝。为此,朱熹认为,要想从根本上改变社会上的不良风气,人们必须要加强修身,提高自己的道德修养。具体来说,封建统治者首先要"正心",加强道德修养。在朱熹看来,天下正与不正,关键在皇帝一人之心如何,皇帝通过正心诚意,提高了道德修养,就会给文武百官做出榜样,整个社会就会上行下效,整个统治阶层就会养成廉洁奉公的品德。当然,各级官吏也必须要加强道德修养。吏治的好坏,全系于官吏一身,他们的所作所为,直接关系到吏治的清廉与否。当然,普通的民众,也必须要重视个人道德品质的自我完善,以忠孝节义廉等德目作为自己追求的目标,培养安贫乐道、重义轻利、廉洁奉公的君子品格和崇高气节,这是做人做官的前提条件。

那么,人们应该如何修身呢?朱熹提出了具体的修身原则与方法:一是要重视自我反省。反省,是一种较好的自我修身方法。朱熹主张,人们应该要经常反省,"省察于将发之际",当有不好的念头刚要萌发的时候,通过自我反省和检查,将其消灭在萌芽状态之中;还要"省察于已发之后",在不良言行已经败露后,也要及时进行检查与纠正,不让其继续滋长。总之,朱熹主张一个人要加强道德修养,就应该要做到无时不省察。

朱熹还主张,人们应该要正确处理好公私、义利关系。他认为,为官者应该要知晓"廉退之节",分清公私,树立正确的公私观。他说"公私之际，毫厘之差耳"，认为公与私的差别很小，这是君子与小人的重要区别所在。人们应该树立公心，远离个人之私欲。对为官者来说，无论其官位高与低，都必须要讲求"公"字，要秉公从政。官员能否秉公从政，不仅关系到个人之威望与声誉，而且还关系到一个地方甚至是整个国家的治乱与否。在朱熹看来，"公"就是克尽私欲之后表现在外的思想和行动，也是克尽私欲之后所达到的境界。他认为"仁在内，公在外"，要达到"公"的崇高境界，就必须重视内心的修养，让自己成为有仁德之人，"惟仁，然后能公"。

此外，朱熹还认为选拔人才是治国的先务，能否选用清廉之人直接关系到吏治的好坏。用一贤人则群贤毕至，见贤思齐就蔚然成风。在选用人才方面，他主张以"德"选人。朱熹说，"深求天下敦厚诚实刚明公正之贤以为辅相，使之博选士大夫之聪明达理、直谅敢言、忠信廉节、足以有为有守者，随其器能，置之列位"（《晦庵集》卷一三），对于"上辅君德，下固邦本"十分重要。那么，通过什么方式来选拔有德之人呢？朱熹提出选人应"求之公议"，举荐那些社会声誉良好之人，反对通过恩荫与资考方式将那些纨绔子弟、学识浅薄之人充斥到官吏队伍中。当然，在选拔人才过程中，还必须要坚持公正无私，杜绝亲友私情求荐。这样，通过打造一支道德素质较高的官吏队伍，也有助于实现社会的清正廉明。

总之，朱熹继承和发展了中国传统儒学，逐渐建构起来了一个以"理"为核心的思想体系,提出了德本胜于法用的廉政思想,有力地推动了宋代以后廉政思想的发展。

4. 刺贪倡廉:陆九渊的廉政思想

陆九渊(1139—1192),字子静,抚州金溪人,南宋著名哲学家,陆王心学的创立者。因讲学于象山书院,故又被称为"象山先生"。同时,陆九渊还是南宋时期一位政绩显著的循吏。陆九渊虽然主张不立文字,反对著述,一生所留下的资料只有少量诗文,大部分都是与师友论述的书札和讲学的语录,但是从这些著述中,我们也可以窥见陆九渊基本的廉洁思想主张。

陆九渊生活的时代,南宋王朝偏安江南一隅,南宋政府对金朝且战且和、不思进取。统治阶级腐败堕落,内部矛盾重重,贪官污吏横征暴敛。从陆九渊给辛弃疾的书信中可以看出,他对当时贪官污吏的种种卑劣伎俩极为反感,并且进行了大胆的揭露:各级官吏"托应办之名,为缺乏之说,以欺其上"。贪官们总是利用各种名义欺上瞒下,假借各种名目巧取豪夺、敲诈勒索。他们为所欲为几乎到了无所不至的程度。贪官们大肆贪污,完全不顾民众的死活。面对如此猖獗的贪污腐败行为,陆九渊大声疾呼"贪吏害民,害之大者",希望能引起朝廷和当权者的惊醒与重视。

陆九渊还极力倡廉戒耻。陆九渊特别重视人的道德品行,他说:"若某则不识一个字,亦须还我堂堂正正地做个人。"在陆九渊看来,一个人无论是否有文化,都必须要做一个堂堂正正的人。

人应该具有怎样的道德品质呢？陆九渊认为，人首先是要知耻。在《人不可以无耻》一文中，他说"夫人之患莫大乎无耻，人而无耻，果何以为人哉""甘为不善而不之改者，是无耻也。人之患莫大乎无耻"，还提出"人唯知所贵，然后知所耻"。一个人不知廉耻，就会无所不为；一个官吏不知廉耻，就不可能清廉为政。可以说，在陆九渊看来，为官者应该要树立廉耻之心，只有知耻，才能做到养廉。

那么，人们应该如何涵养自己的廉耻之心呢？陆九渊认为，其根本的方法就是要"存心去欲"。陆九渊说："夫所以害吾心者何也？欲也。欲之多则心之存必寡；欲之寡则心之存者必多，故君子不患夫心之不存，而患夫欲之不寡，欲去则心自存矣。"[1]在陆九渊看来，由于外物的引诱，使得人们产生了"物欲"，从而损害和蒙蔽了人生而具有的"良知"。所以，只有去除"物欲"，才能"存心"。陆九渊认为，要"存心去欲"，从根本上说需要"且己自反""改过迁善"，也就是要通过不断反省自己，来革除物欲。如果人们能够革除物欲，恢复清正廉明的本心，为官者就会洁身自守，不再贪利暴虐，老百姓也能安居乐业。

三、宋元时期官箴书中的劝廉主张

为官箴言，早在汉代就有扬雄的《官箴》问世。到了宋代，又有大量的官箴之作涌现，如陈

---

[1] 陆九渊著：《陆九渊集》，中华书局1980年版，第469页。

襄的《州县提纲》、吕本中的《官箴》、张养浩的《三事忠告》等。这些官箴书中都提出了大量为官清廉方面的思想与主张，对宋元时期的廉洁思想发展起到积极推动作用。

1. 陈襄的《州县提纲》

陈襄（1017—1080），字述古，别号古灵，福建侯官人。北宋理学家，"海滨四先生"之首。庆历二年进士，初为浦城县令，每当审理案件时，他让数名胥吏环立在跟前，使请托之人不能得逞；后为河阳县令，教百姓种植水稻；任常州知州时，清除水患。他为官之时，每到一地，必然兴办教育，重视民情。《州县提纲》（四卷）一书是陈襄数十年为官经验的基本总结，是我国现存最早的一部州县治政专著，也是古代州县官吏处理政务的案头必备指南。

《州县提纲》的核心内容就是围绕"廉""勤""慎"三个方面而展开的。

其一是"廉"，即清正廉洁，是"居官者分内事"，所以"居官不言廉"。陈襄认为，对为官执政者来说，"廉"并不是代表官员多么崇高的品德，而是为官者分内之事，是必须要做到的基本要求，"为官者当以廉为先"。因此，清廉者也根本无须自傲和张扬。他认为，对为官从政者来说，一旦陷入贪污受贿，终身都洗不干净。为官者可以挨饿、受冻、被杀、被斩，唯独不可以有丝毫的非法索取。如果有一丝一毫的非法索取，虽然有奇才异能，终究不能使其有好的结果。

为此，陈襄提出了"节用养廉"的主张。《州县提纲·节用养廉》中就说："仕宦有俸给之薄者，所得不偿所用。赀产优厚，犹有可诿。若赀产微薄，悉藉俸给，而乃用度不节，日用饮食衣服奴婢之奉，便欲一一如意，重之以嫁娶之交迫，必至窘乏。夫平昔奢侈之人，一旦窘之，必不能堪，窥窃之心繇是而起。猾吏弥缝其意，又从而饵之。一旦事露，失位辱身，追悔莫及。故欲养廉，莫若量其所入，节其所用。"在陈襄看来，为官者俸禄较少，如果不节约开支，必然导致财用窘迫匮乏，这就很容易滋生"窥伺窃取"之心。此时，如果有狡猾的胥吏迎合他的意图，加以利益引诱，必然会使得官吏贪污腐败。那么，一旦贪腐之事败露于世，必然是为官者丧失官位、自身受辱，这时已是追悔莫及了。所以，为官者要想做到清正廉洁，就必须要根据收入情况，节制支出，实现以俭养廉。

其二是"勤"，即勤于职守、毫不懈怠，也是州县官吏必备的品质。"勤者，政之所要。"对于为政者来说，"勤勉"是为政的题中应有之义、不言之责。如果说"清"是为官者应具备的一种品质，"慎"是为官者需持有的一种态度，那么，"勤"则是为官者要担负的一种责任。"勤"就是要求为官者勤勉工作、尽职尽责、恪尽职守，不能有丝毫的懈怠。

为官者要做到勤于政事，在陈襄看来：一是要专心致志。为官者要做到勤勉工作，"其要莫若清心"，心清就会无旁骛，自然会专心致志于政务,朝夕思虑,除了政事以外的事情,一丝一毫不可留心注意,"如声色宴饮,不急之务,宜一切屏去"。二是要早起问政。《州县提纲·晨起贵早》篇中说:"凡当繁剧,要须遇鸡鸣即起,行之有常,则凡事日未昃俱办,而一日优游闲暇矣。倦于起早,或遇宾客过从,往来迎送,夺其日力,则一日之事俱不办。一日之事不办,则明日之事益多。况凌晨神气清爽,心无昏乱,故早起亦为官第一策。"

其三是"慎",即行事谨慎。陈襄认为,为官必须要务实,不能沽名钓誉。《州县提纲·勿求虚誉》中说:"有实必有名,虚誉暴集,则毁言随至矣。"陈襄认为,做事情要事前先深思熟虑。《州县提纲·疑事贵思》中就说:"官司凡施设一事情,休戚系焉。必考之以法,揆之于心,了无所疑,然后施行。有疑,必反复致思,思之不得,谋于同僚。否则,宁缓以处之,无为轻举,以贻后悔。"此外,陈襄还认为,为官者必须要控制好自己的情绪,不可意气用事,处事要公平公正。《州县提纲·怒不可迁》中说:"今日为官者,事之不如人意,十常八九。或公家事偶拂其意,或闺门之内方有私忿,怒见颜面,临事乘势将亡辜人决挞以泄怒气,是迁怒也。"

可以说,无论是为政务实、处事深思熟虑,还是管控好自己的情绪,都体现的是陈襄对官吏为政应谨慎的谆谆告诫。为官应谨慎,这是为官者对职守和责任所持有的一种真诚与恭谨态度。

当然,《州县提纲》中还涉及其他方面的一些内容,如诉讼、刑狱、监狱管理等。作为一位深受儒家文化影响与熏陶的官员，陈襄还遵奉着儒家的"为政以德"思想，主张通过教化来真正感动每一个为官者，使其能够切实遵守为官之德。总体来看，尽管《州县提纲》在内容安排上存在一些缺乏条理与体系的问题，但它仍不失为一本非常有影响的官箴之作。它内容丰富、见解深刻、发人深省，尤其是其中所提出的"廉""慎""勤"思想，既是为官者所要遵循的基本为官之法，也是他们必须要恪守的基本为官之德。它对中国古代官吏为官从政具有直接指导作用。

2. 吕本中的《官箴》

吕本中（1084—1145），字居仁，寿州（今安徽凤台）人。早年以荫入官，徽宗朝做过济阴主簿、泰州士曹掾、大名帅府干官等，后召为枢密院编修官。宋钦宗靖康初，迁为方员外郎；宋高宗绍兴六年，赐进士出身，历起居舍人、中书舍人兼侍讲、权直学士院等。绍兴八年，反对和议，忤逆秦桧，被罢官。绍兴十五年七月，在贫病交加中死于上饶城郊。

吕氏一门，世代为官。吕本中的高祖吕夷简、曾祖吕公著位至宰相，伯曾祖吕公弼、父亲吕好问位至执政大臣。这么多的人出入官场，为吕氏家族积累了丰富的为官经验。吕本中把这些经验，加以梳理、提炼与总结，写成《官箴》，用以箴诫吕氏出仕子弟应遵守为官的道德准则和行为规范。

《官箴》开宗明义即言："当官之法，唯有三事：曰清，曰慎，曰勤。知此三者，可以保禄位，可以远耻辱，可以得上之知，可以得下之援，则知所以持身矣。然世之仕者，临财当事，不能自克，常自以为不必败。持不必败之意，然事常至于败而不能自已。故设心处事，戒之在初，不可不察。借使役用权智，百端补治，幸而得免，所损已多，不若初不为之为愈也。"在吕本中看来，当官所要遵循的基本准则，就是"清""慎""勤"。一个做官的人，只有懂得清、慎、勤的重要性，并且认真地将其贯彻于日常的为官实践中，他才能保住禄位，远离耻辱，得到上司的信任、下属的支持。

"清"，即清心、廉洁，即指奉公守法、不营私利，也指心地纯正、不存私欲。《官箴》中说："后生少年，乍到官守，多为猾吏所饵，不自省察，所得毫末，而一任之间，不复敢举动。大抵作官嗜利，所得甚少，而吏人所盗不赀矣。以此被重谴，良可惜也。"可见，吕本中提醒新入官的年轻人，一定不要"嗜利"，被"猾吏"所引诱，否则就会越陷越深，不能自拔。如果因为这事而受到严厉的惩处，实在不值得。所以，为官要做到清廉，就必须做到防微杜渐，分外之物，一毫不取；否则，任其发展下去，必然会致使出现不可收拾的地步。此外，他还认为，为官之人若心存仁恕，这也是"清"的一种表现。在《官箴》中，他曾举了关于关沼的例子说，关沼当官，曾经捕获盗贼，按法应该升官，可能因为情轻法重，致使这个盗贼被判处死刑。关沼拒绝迁官，说："不以人命易官。"吕本中对此称赞道："可谓清矣！"

"慎",即谨慎、冷静,也就是要保持头脑的清醒。"慎"所包含的内容非常广,既可赖以成事,又可赖以自保。在吕本中看来,在为官过程中,要做到谨慎行事:首先,要诚实做人,踏实做事,不可弄虚作假。其次,遇事不要急躁,不要发怒,应"消详斟酌"以求"合于道理"。还有,就是要谨防小人中伤。他说:"当官既自廉洁,又须关防小人。"意思是说,自己能保持廉洁了,还要防范小人,不能给手下人有空子可钻,而使自己受到中伤。

"勤",即"尽心职事"。吕本中在《官箴》中举例说,仁宗时有个当京西转运使的人,一天他召见监窑官,问他每天烧柴多少灶。窑官回答说十八九灶。转运使说他看见只有十一灶,这是怎么回事呢?窑官被问得张口结舌。原来,转运使对有关职分的事处处留心,早起望见窑中出烟道数,所以知道是十一灶。可见,他对于职事是何等尽心尽力。吕本中认为,以这样尽职尽责的态度去办事,就没有办不好的事情。

总起来说,清、慎、勤是为官者必备的品德。一个为官不清、贪赃枉法的人,是不可能把国家的事、老百姓的事放在心上的,也是不可能履行职事的。同样,一个当官之人,如果不慎不勤,即使是两袖清风,却未曾举一事,什么事也办不成,且不说为民造福,保一方平安了,到头来可能连自己也保不住。这种人,至多只能算是个好人,却不是一个好官。清、慎、勤三者是紧密相连、有机统一的。吕本中将其从为官处事的诸多注意的事项中提炼出来,使其成为做一名好官应遵循的原则。

3. 张养浩的《三事忠告》

张养浩（1270—1329），字希孟，号云庄，自称齐东野人，元代政治家、文学家。张养浩二十岁时，以省荐任东平学正，后游学京师，召为太子文学，拜监察御史。历仕世祖、成宗、武宗、仁宗、英宗和明宗六朝。在为官的几十年中，张养浩先后出任过多个地方的官吏。可以说，张养浩一生居官勤廉、关心民瘼、鞠躬尽瘁、死而后已，是封建时代为数不多的清官廉吏。时人林泉生就赞叹曰："文忠（张养浩的谥号）真仁也，仁者耻独善于己。己为令长，得牧民之道，欲使天下牧民之吏，人人尽其道；己为宪臣，能振纪纲，慎举刺，言人所难言，欲使天下为宪臣者，人人皆然，公其心于天下，而不私其身。"（《风宪忠告》序）张养浩把自己的为官理念与宦海经历汇成一部重要的官箴之作——《三事忠告》。

《三事忠告》是由《牧民忠告》《风宪忠告》和《庙堂忠告》三部分构成。《牧民忠告》是张养浩出任县令时编著的，是对地方官员的真诚忠告。牧民，即治民。全书分为《拜命》《上任》《听讼》等十篇，主要是告诫地方官员应该如何管理和爱护百姓。《风宪忠告》是张养浩出任御史时编著的，是对监察官员的忠诚劝告。风宪，即风纪，指检察官员。它包括了《自律》《示教》《询访》等十篇，强调监察官员应该如何遵守法纪、保持良好道德。《庙堂忠告》则是在张养浩出任中书省官员时编著的，主要是为中央官员所作的，围绕如何修身立德、恰当用人而展开，包括了《修身》

《有贤》《重民》等十篇内容。综合来看,《三事忠告》虽非长篇巨著,但对官吏清廉为官具有重要启迪作用,其中对官吏的劝告主要包括:

一是以民为本。民情复杂,为官者不可不察。张养浩指出:"天以亿兆之命托之君,君以亿兆之命托之相,是知相也者为君保民者也。"[1]在此基础上,张养浩提出了一系列具体的关心民瘼、节用爱民、劝农以时、均赋养民等保民措施。他说:"民之有讼,如己有讼;民之流亡,如己流亡。"认为为官者要有视民病如己病,要爱民如子。他还告诫为官者,如果老百姓遇到灾难,就要详细考察其轻重,想方设法地解决问题,或是均分私人的财物,或是发放公家的库存,或是凭借山林湖泊,或是废除债务,体现出了张养浩浓厚的民生思想。他还提出节用以爱民的主张,认为:"为治之道,其要莫如省心。心省则事省,事省则民安,民安则吏无所资。"当然,张养浩本人就是爱民裕民的典范。史书记载:明太祖洪武二十五年(1392),关中大旱,饥民相食。张养浩出任陕西行台中丞,随即"散其家之所有与乡里贫乏者,登车就道,遇饥者则赈之,死者则葬之","到官四月,未尝家居,止宿公署,夜则祷于天,昼则出赈饥民,终日无少怠"(《元史·列传第六十二》),受到百姓的拥戴。

二是以德修身。"仕宦而至将相,为人情之所荣,是不知荣也者,辱之基也。惟善自修者,则能保其荣;不善自修者,适足速其辱。"[2]张养

---

[1] 张希清、王秀梅主编:《官典》第一册,吉林人民出版社1998年版,第631页。

[2] 张希清、王秀梅主编:《官典》第一册,第629页。

浩认为,一个人入仕为官要有正确的荣辱观,只有注意自我修身才能保荣耀、远耻辱。他还说:"凡在官者,当知荣与辱相倚伏,得与失相胜负,成与败相循环。古今未有荣而无辱,得而无失,成而无败之理也。"(《牧民忠告·事长》)为官者如果不懂得这个道理,在处理日常事务的过程中,得到一点恩宠必然会趾高气扬,受到一点侮辱就会心灰意冷。那么,为官者如何才能做到修身呢?在张养浩看来:"廉以律身,忠以事上,正以处事,恭慎以率百僚。如是则令名随焉,舆论归焉,鬼神福焉。"[1]"士而律身,固不可以不严也。然有官守者,则当严于士焉。有言责者,又当严于有官守者焉。盖执法之臣,将以纠奸绳恶,以肃中外,以正纪纲。自律不严,何以服众?"(《风宪忠告·自律》)所以,在张养浩看来,为官者必须要克己奉公、恪尽职守、严于律己、戒除贪欲。

张养浩还主张为官者要严格约束家人。他说:"居官所以不能清白者,率由家人喜奢好侈使然也。中既不给,其势必当取于人。或营利以侵民,或因讼而纳贿,或名假贷,或托姻属宴馈征逐,通室无禁。"(《牧民忠告·上任》)张养浩认为,许多官吏不能保持廉洁,多是由于家属干涉政事所致。所以,他郑重地告诫为官者不仅自己要谨慎行事,还必须要警戒家人要淡泊为生,勿使"祸乱生于几席"。

三是荐举任贤。张养浩认为:"天子之职,莫重择相;宰相之职,莫重用贤。"[2]那么,为政者如何才能察人用贤呢?他认为,最基本的方

---

[1] 张希清、王秀梅主编:《官典》第一册,第629页。

[2] 张希清、王秀梅主编:《官典》第一册,第630页。

法就是:"询诸人则知之,察其行则知之,观其举则知之。"即通过询问、观察其行为、考察其主张的方式可以得知。为政者只有先做到"知人"才可以能"善任","己有不能,举能者而用之;己有不知,举知者而用之;己有不敢言,举敢言者而用之"(《庙堂忠告·用贤》)。这样,才能实现政事顺利、民心顺服。

总之,张养浩的《三事忠告》,体现了儒家修齐治平、为政以德、为政以礼等官德思想,所提出的一些基本主张,对于提升官员道德素质、增强官员责任意识、提高治国理政能力具有重要意义。自其问世以来,流传甚广,受到历代统治者和为官者的高度赞扬。可以说,在陋规无数、贪腐不绝的封建官场,《三事忠告》以其勤正廉明、节用爱民之特色,长久地传递着一股刚健的正能量。

四、宋代家训中的养廉思想

1. 包拯与《包拯家训》

包拯(999—1062),字希仁,北宋庐州(今安徽合肥)人。他为官清廉,秉公执法,刚直不阿,心地敦厚,堪称是中国历史上清官廉吏的典范。包拯出身贫寒,自幼勤奋用功,饱读经书,二十八岁考中进士,先后被任命为大理评事、建昌知县。因父母年事已高,遂弃官侍奉双亲。直至数年之后,双亲故去,包拯才重返仕途。

包拯为官清廉节俭。他在《书端州郡斋壁》诗的首联即言:"清心为治本,直道是身谋。"在包拯看来,为官必须要清廉,做人必须要正直。此外,《孝肃包公奏议·乞不用赃吏疏》中说:"臣闻廉者,民之表也;贪者,民之贼也……欲乞今后应臣僚犯赃抵罪,不从轻贷,并依条施行,纵遇大赦,更不录用,或所犯若轻者,只得授副使上佐。如此,则廉吏知所劝,贪夫知所惧矣。"包拯认为,清廉之官是民众的表率,而贪腐之官是民众的祸害。在为官的二十余年中,包拯始终清廉自守。宋仁宗宝元二年(1039),包拯出任端州(今广东肇庆)知州。端州自古出产一种名贵的石砚——端砚,是古代四大名砚之一。刘禹锡曾有诗曰"端州石砚人间重"。北宋时期,端砚成为上层权贵竞相追逐的对象,致使砚工苦不堪言,怨声载道。包拯得知后决心一改此弊,命人张贴告示,让工匠和作坊每年只向州衙缴纳进贡的端砚,各级官吏只能如数收取,不能额外加收。这样既不劳民,也有利于澄清官场。当包拯离任时,发现有老百姓偷偷将一方端砚放入其行囊之中,包拯随即将那块名贵的端砚扔入江中。于是,民间就留有"岁满不持一砚归"的故事。包拯为官二十余载,生活节俭,不置房产,并且告诫后世子孙要廉洁自律。

包拯为官铁面无私,秉公执法,刚直不阿。《宋史·包拯传》:"拯立朝刚毅,贵戚宦官为之敛手,闻者皆惮之。人以包拯笑比黄河清,童稚妇女,亦知其名,呼曰'包待制'。京师为之语曰:'关节不到,有阎罗包老。'"包拯出任过多地的地方官,深刻认识到秉公执法的重要。他认为"法令者，人主之大柄"，无论是谁，违法都必将追究。包拯的堂舅倚仗包拯任知府，横行乡里，胡作非为。受害人将状子告到包拯处，包拯随即传唤舅舅，升堂审讯。询明情况后，命衙役按照律法杖打包拯舅舅七十大板，并且勒令其将田产返还、赔礼道歉。成语"外甥有理打得舅"即源于此。消息传开后，百姓称赞包拯执法公正，亲族中人自是再无人敢为非作歹了。仁宗皇帝爱妃的伯父张尧佐并无真才实学，因善于投机取巧，担任了多个要职。满朝文武虽颇为不满，却不敢谏言。包拯却敢于犯颜谏诤仁宗皇帝，恳请皇帝收回成命。可以看出，包拯铁面无私，无所畏惧，即使是皇亲国戚，也不留情面。此外，包拯还坚持与诸多贪赃枉法行为进行坚决的斗争。如他批评"殉禄贪荣"的张若谷和"不顾邦宪"上殿乞恩的许怀德说："人之寡廉，一至于是！"（《包孝肃奏议集》）对王逵、阎士良、张方平等贪赃枉法者，予以深刻揭露，并请求严惩。

  包拯为官体恤民情，爱民如子。包拯认为"民者，国之本也，财用所出，安危所系，当务安之为急"（《包拯集》），为政者必须要爱惜民力。他任职于户部时，就非常注重发展生产，关心民间疾苦。有一次，巡视山西，发现漳河两岸土地肥沃，有大片土地却被划定为军马牧场，不许百姓耕种，包拯感觉不合理，就"请悉以赋民"，结果增产了很多粮食。按照旧制，凡是诉讼不得径直诉至庭前，而必须先把状纸交给衙门"门派司"，由他们转收。有些属吏便从中勒索钱财。包拯任开封府知府时，就敞开衙门，让老百姓直接投递状纸，不管有钱没钱，都能申冤雪恨。有一次，开封连降暴雨，蔡河暴涨，直淹京城。包拯一方面率领民众奋力抗洪，另一方面又亲查洪灾的原因。当查明是因"中官势族筑园榭，侵惠民河，以故河塞不通"，包拯大怒，即刻下令将淤塞河道的权贵们修建的花园亭榭全部拆除，保障了百姓的生命财产安全。包拯一生清廉为官，秉公执法，刚直不阿，体恤民情，深得百姓的拥护与爱戴，人们尊称其为"包青天"，并且修建"包公祠"以示纪念。

包拯不仅本人刚直不阿，为人正直，而且对家人的教育与要求也非常严格。在包拯家训中就有："后世子孙仕宦，有犯赃者，不得放归本家，死不得葬大茔中。不从吾志，非吾子若孙也。"（《宋史·包拯传》卷三一六）从文字表述上看，与以往家训相比，这篇家训篇幅非常短小，仅有三十多个字，但却字字铿锵，殷殷可鉴。从内容方面看，包拯家训与以往的家训也有很大的不同，它不是关于读书、修身立人等方面的庭训，而是清廉为官的教导。可以说，包拯家训不仅为包氏子孙树立了一个重要的标尺，而且对后世官吏治家也具有重要的垂范之效。自宋朝开始，包拯就一直受到人们的尊敬和称颂。如宋朝的吴奎在《包公墓志铭》中开篇即言："宋有劲正之臣，曰包公。"他的后世子孙们也都秉承了这种劲正之遗风：儿子包绶"清苦守节，廉白是务"，孙子包永年"苍官临事，廉清不扰，而孝肃公之遗风余烈在也"。

2. 司马光与《训俭示康》

司马光（1019—1086），字君实，号迂叟，陕州涑水人，世称涑水先生。司马光先后任同知谏院、翰林学士、御史中丞。后因反对王安石变法而离朝十五年，著成《资治通鉴》一书。《资治通鉴》记载了从前403年到959年间的历史，全书共二百九十四卷，三百万字。该书取材广泛、考证翔实、文笔生动，是中华民族的珍贵历史文化遗产。

司马光以道德、文章而名满天下，被时人视为学习的楷模。作为政治家，司马光清正廉明，其反贪倡廉思想，在《资治通鉴》中多有体现。他说"廉非为政之极，而为政必自廉始"，认为"廉"是吏之首务，为官虽然强调善、能、勤、正、法、辨六事，但皆以廉为本。可以看出，司马光对"廉"德是非常重视的。那么，对为政者来说，如何才能养成"清廉之德"呢？大致来说，司马光的主张有：

一是要"以德去奢"。北宋中期，随着社会经济的恢复与发展，社会上有些人开始追求奢靡的风气。司马光说："近岁风俗尤为侈靡，走卒类士服，农夫蹑丝履……士大夫家，酒非内法，果、肴非远方珍异，食非多品，器皿非满案，不敢会宾友。"（《训俭示康》）对于这种奢靡之风，司马光大为不满，且深感忧虑。在揭露与批判当时社会的奢靡之风的基础上，司马光从人性的角度出发，指出奢侈之心虽为人之常情，但其危害甚大。"由俭入奢易，由奢入俭难。"一个人若不能遏制自己的奢侈之心,必然会后患无穷。俭与奢并非生活之小节,而是事关家国兴亡的大事。所以,他主张人们要节俭。节俭,就会使人寡欲。为官之人寡欲,就不会为外物所役使;普通百姓寡欲,就会勤俭持家,使家境丰裕。为此,司马光提出了"去欲从道"的思想。他认为,一个人不为名利所惑是正心求道的根本途径。司马光的夫人去世时,家里没有钱办丧事,养子司马康和亲戚都主张借些钱,把丧事办得排场一点。司马光却不同意,说要节俭,别动不动就借贷。最后,他把仅有的三顷薄田典当出去,才把妻子的丧事给办了。位高权重的司马光竟然典地葬妻,足见他的清廉俭朴。北宋元祐元年(1086),司马光去世时,家人整理了他临终前留下的遗书,内容皆为国事民事,没有一项有关儿女亲属之事。遗书上还清楚地写着:"死后不惊动朝廷,实行私家薄葬,灵柩运回老家祖茔。"

二是要"以德取人"。作为政治家的司马光,深知"为政之要,莫先于用人"的道理,将得人、用人作为实现其廉政之治的重要手段。坚持用什么样的人,这是司马光首先探讨的问题。在《资治通鉴》中,他对德与才的内涵及其关系进行了深刻论述:"才者,德之资也;德者,才之帅也。"可见,司马光把德放在了极其重要的位置上,并将之作为才智的灵魂来看待。在此基础上,司马光还将人划分为四类:"才德全尽谓之圣人,才德兼亡谓之愚人,德胜才谓之君子,才胜德谓之小人。"他主张,用人就要用圣人、君子,倘若既无圣人,也无君子,那宁可用愚人,也不可用小人。因为愚人限于才能，干不出太坏的事；相比较那些小人来说，危害自然要小得多。可以说，司马光的用人观，看重"德"字，对才有余而德不足之人，怀有憎恶之情。同时，在选人的方式上，司马光也有自己的判断与分析。他认为，魏晋以来的荐举制，虽然重德重才，但"先门第而后贤才"的积弊使这个目的根本无法实现；而唐代以来的科举制度，存在着"重才轻德"的倾向，也不可避免地导致了士风的败坏。

三是要"以法惩贪"。"德"强调的是内在的修养问题，但确保为官者能够清廉为政，还必须要加强外在的规范与监督。在《论财利疏》中，司马光就指出："上自公府省寺，诸路监司、州县乡村、仓场库务之使，词讼追呼，租税徭役，出纳会计，凡有毫厘之事，关其手者，非赂遗则不行。"可见，当时官场上行贿受贿之风已经达到了非常严重的程度。为此，司马光主张要严明法度，依靠法律和制度来惩治贪官、澄清吏治。司马光还认为，要防止官吏的贪腐，必须依靠相关的体制机制。也就是说，司马光主张建立一整套从官吏选拔、考核到日常监督的制度，主张将举荐和按察制度化，要求职能部门切实履行相关职责。

司马光为人谦恭正直，做事认真，生活简朴。他不仅重视清廉为政，还特别重视家庭的廉洁教育。司马光认为："治国在齐其家。"家庭是社会的细胞，家风直接影响社会风气，士大夫必须把治家看作是治国理政的第一步。如他在写给儿子司马康的家训中，结合自己的生活体验，深刻阐释了俭朴之美德，把廉洁作为家训传给子孙后代。《训俭示康》中写道：

> 吾本寒家，世以清白相承。吾性不喜华靡，自为乳儿，长者加以金银华美之服，辄羞赧弃去之。二十忝科名，闻喜宴独不戴花。同年曰："君赐不可违也。"乃簪一花。平生衣取蔽寒，食取充腹；亦不敢服垢弊以矫俗干名，但顺吾性而已。众人皆以奢靡为荣，吾心独以俭素为美。人皆嗤吾固陋，吾不以为病。应之曰："孔子称'与其不逊也宁固'；又曰'以约失之者鲜矣'；又曰'士志于道，而耻恶衣恶食者，未足与议也'。古人以俭为美德，今人乃以俭相诟病。嘻，异哉！"……其余以俭立名，以侈自败者多矣，不可遍数，聊举数人以训汝。汝非徒身当服行，当以训汝子孙，使知前辈之风俗云。

这段家训文字自然朴实，读来令人感动。从文中可以看出，司马光分别从"俭"与"奢"两方面分析其得失利弊，运用理论和事例反复阐明"由俭入奢易，由奢入俭难"的道理。司马光认为"俭能列名德福，奢必招祸自败"，告诫子孙千万要行俭戒奢。司马光告诫子孙说，大凡道德品质优秀之人，都是以俭朴、恭俭为基础的，因为俭朴，就不会有过多的欲望与奢求，就不会被外在的诱惑所役使，就能做到正道直行、谨慎行事。反之，如果追求奢华，就会贪欲无度、欲壑难填，最终必然会走向邪路，轻则招致灾祸，重则家破人亡、身败名裂。所以，司马光历仕四朝，位高权重，荣华富贵唾手可得，但是他却推崇"以廉以俭"的处世之道、勤俭持家的居家之道、清白廉洁的为官之道。可以说，《训俭示康》不仅是司马光对其子孙的谆谆告诫，也是对为官从政者的劝诫箴言：奢靡必败，唯俭立德，俭顺民意，政能兴邦。

五、宋代清官中的践廉典范

1."先忧后乐"的范仲淹

范仲淹（989—1052），字希文，祖籍陕西邠州，后迁居江苏吴县。他是北宋著名的政治家、军事家、思想家和文学家，尤以贤相名将著称于世。二十六岁时，以其渊博的学识而考中进士，被授广德军司理参军。此后，步入仕途。尽管为官的最初十余年中，官职品级很低，但范仲淹始终以兴利除弊、报国济民为己任，为官一任，造福一方。

范仲淹早年家道贫寒，后来踏上仕途，虽然富贵起来了，但是仍保持节俭的习惯。《宋史·范仲淹传》中记载："其后虽贵，非宾客不重肉。妻子衣食，仅能自充。"也就是说，范仲淹的家里，只有来了宾客，才准备两种以上的荤菜；妻子儿女的衣食，也只能自己动手准备。甚至，在儿子范纯仁结婚的时候，当听说儿媳要用丝绸帷帐做嫁妆时，范仲淹不高兴地对儿子说："罗绮岂帷幔之物也？吾家素清俭，安得乱吾家法？敢持家，当火于庭。"（《宋名臣言行录前集》卷七）此外，范仲淹每日睡觉之前，一定要看看这一天的日常开销和所做之事是否与自己的俸禄和职责相称。如果相称，他才能酣然入眠；否则，就会夜不能寐。范仲淹不仅自己生活节俭，而且治家也十分严谨，要求子孙也要生活俭朴，其"子孙皆守其家法"。此外，《范文正公言行拾遗事录》写道："公既贵，常以俭约率家人。且戒诸子曰：吾贫时，与汝母养吾亲，汝母躬执爨，而吾亲甘旨未尝充也。今而得厚禄，欲以养亲，而亲不在矣，汝母又已早逝，吾所恨者，忍令若曹享富贵之乐也！"在范仲淹的教育和影响下，其子侄们从小就养成俭朴的良好生活习惯，为官后也都能做到勤政爱民、廉俭如一。

范仲淹虽然严格要求自己和家人厉行俭朴，但他对外却乐善好施。与范仲淹同时代的欧阳修写的《资政殿学士户部侍郎文正范公神道碑铭并序》中就指出："公为人外和内刚，乐善泛爱。丧其母时尚贫，终身非宾客食不重肉。临财好施，意豁如也。及退而视其私，妻子仅给衣食。"他在家乡设置"义庄"，用来赡养生活贫困的人；提携后学，"士多出其门下，虽里巷之人，皆能道其名字"。有一次，范仲淹买了一块地，准备在那里建房安家，就找了一位风水先生给看看。这位风水先生看后对范仲淹说，这是块风水宝地，住在这里的人家，后世必出卿相。范仲淹听后，立即改变了在此安家的想法，说："我家独享此处之富贵，不如让普天下的人都来这里读书，那岂不能出更多的贵人？"于是，范仲淹就将这块地捐出来修建了一所学校，这就是后来的苏州府学，也就是今天的苏州中学前身。

范仲淹在开封任知府期间,有一天,有衙役报告说在府第后院的银杏树下挖出了三坛黄金,随从人员不免怦然心动,建议范仲淹隐瞒下来,据为己有。范仲淹并不为此所动,命令衙役将现场恢复原状,转身对众人说:"这三坛黄金,我们不能昧心攫取,应该物归原主。"于是,范仲淹让管家迅速查清这幢院落的原有主人。几天后,管家找到了原来的主人王平。范仲淹问明了情况后,立即下令掘出那三坛黄金交给王平。王平万分感激,一再要求留下一坛作为答谢。范仲淹说:"老夫若贪财图利,何必费尽周折寻找失主。"王平见范仲淹执意不接受,只得抬起黄金,再三谢恩而去。"临官莫如平,临财莫如廉。"范仲淹在巨额钱财面前,心如止水,始终坚持自己的处事原则。这是他的为官之则,也是崇高道德修养的体现。

范仲淹性情耿直,为官清廉,执法严谨。他在担任开封、青州知府时,审理案件从来不用大刑,所判定的案件无一例申诉重审的。史书称赞他"为政尚忠厚,所至有恩"。当时,有一个叫梁坚的监察御史谎报滕宗谅枉费公款十六万贯。深知内情的范仲淹毅然挺身而出,向皇上连上四次奏章为其辩护。范仲淹认为,滕宗谅所花费的钱物是用在犒劳军士、保家卫国上,根本不是为满足个人私欲。最后,滕宗谅等人被从轻发落。范仲淹敢于直言上谏,不畏权贵,曾三度遭贬。他为官不仅洁身自好,而且还积极主张革除弊政,对社会制度深层的弊端有着敏锐的洞察力和难能可贵的责任担当。范仲淹不但自己为官清廉,而且也教育家人要廉洁。在给子侄们的信中,就告诫说:"汝等但小心,有乡曲之誉,可以理民,可以守廉者,方敢奏荐。""汝守官处小心,不得欺事。与同官和睦多礼,有事只与同官议,莫与公人商量。莫纵乡亲来部下兴贩,自家且一向清心做官,莫营私利。""居官临满,直须小心廉洁,稍有点污,则晚年饥寒可忧也。"(《范仲淹全集》)正是在范仲淹的谆谆教诲和榜样垂范下,子侄们也都能做到清廉为官,勤政爱民。

范仲淹非常重视人才对治国安邦的重要作用。他认为"国家之患,莫大于乏人";同时,又把举荐贤能之人视为为官者效忠朝廷的应尽职责。他说:"臣之纳忠,无重于举善。"范仲淹认为举荐人才,首先就要举清廉之人。正是在这一思想的影响下,范仲淹推荐了"自守静节、清心至行"的许渤,举荐了"清介自立""有忧天下之心"的张自代,举荐了"清节自处"的张伯玉。可以说,范仲淹为官所至之处,始终坚持荐贤举能。当时,北宋政坛、学坛、文坛的许多人,如孙复、胡瑗、张载等都出自范仲淹的举荐。

范仲淹清廉思想内涵丰富,突出地表现在一个"忧"字上。范仲淹一生忧民、忧君、忧政,真正做到"进亦忧,退亦忧"。他始终牢记立泽生民是大丈夫的平生之志,把解除民困当作己任,常怀忧民爱民之心。终其一生,他始终践行"先天下之忧而忧,后天下之乐而乐"的人生追求,无论是在政绩方面,还是在道德方面都有极好的口碑。北宋天圣二年（1024），范仲淹被派往泰州，监西溪盐仓。他看到那里的海堤年久失修，海水倒灌致使土地盐碱化严重，百姓无以为生，纷纷携家外逃。范仲淹积极上书朝廷，建议修复海堤。经过近四年的努力，终于修建了一条长近一百五十里的海堤，解除了那里的潮患。当地老百姓为了感念范仲淹的功绩，就将那条海堤命名为"范公堤"。此外，他在苏州任上疏浚五河、导太湖水入海，在杭州任上以工代赈，在青州任上开军仓救灾民，在西北任上固边安民，这些都是其勤政为民的卓越实践。

可以说，范仲淹在长达三十八年的仕宦生涯中，严格要求自己，恪尽职守，两袖清风。去世时竟然到了"身无以为殓，子无以为丧"的程度。王安石在《祭范颍州仲淹文》中就说："呜呼吾公，一世之师。由初迄终，名节无疵。"朱熹也称其为有史以来天地间第一流的人物。可以说，范仲淹高尚的道德修养和完满人格，是引导社会健康向上发展的一股巨大精神力量。

2. "北宋的脊梁"寇准

寇准（961—1023），字平仲，华州下邽（今陕西渭南）人。他生于名门望族，自幼聪颖好学，年仅十九岁即考中进士，授大理评事。后来，历任知归州巴东知县、大名府成安县知县、盐铁判官、尚书虞部郎中、枢密院直学士、左谏议大夫、集贤殿大学士等职。寇准历经宋太宗、真宗、仁宗三朝，曾三度为相，又数次遭贬谪。寇准为官清正刚直,既不趋炎附势,也不挟私欺下。

寇准任巴东知县时,严格按朝廷规定征收赋税和徭役,严禁巧立名目的摊派,勤施教化,劝民稼穑。他鼓励百姓垦荒种地、种树、蓄水,从事多种经营。每到征收赋役时,县里不必出正式的官府文书,只是将应征赋役的百姓姓名、地址及所担负赋役的名目、数量等详细列出,公示在县衙前。这种公开征税的做法,让百姓心悦诚服,主动前来纳税和报役,不敢拖延。寇准的威望日高,被百姓尊称为"寇青天"。

寇准率性自为,刚直忠贞,直言敢谏。端拱二年(989),有一次,寇准曾奏事殿中,极陈利害。由于忠言逆耳,宋太宗听不进去,生气地起身准备离开龙座。寇准却扯住太宗的衣角,劝他重新落座,听他把话讲完。宋太宗息怒后,细细思考寇准所说的话,认为寇准所言极是,于是赞叹道:"朕得寇准,犹文皇之得魏徵也。"

宋真宗景德元年(1004)九月,辽国的萧太后和圣宗耶律隆绪亲自统率十万大军,大举南下,包围了瀛洲。辽军先锋已至澶州城下,当时形势万分危急。这一消息传到宋都汴京后,朝野上下一片惊慌。面对强敌进犯,时任宰相寇准奏请宋真宗御驾亲征澶州,以振宋军士气。一开始,寇准见宋真宗举棋不定,急忙上前进谏。宋真宗觉得寇准所言极是,决定亲征。当宋真宗亲临澶州城时,宋军士气备受鼓舞,同时寇准阵前指挥,"号令明肃,士卒喜悦"。两军相持十多天,辽军统帅萧挞览亲自督战,被守城威虎军头张瓌射死，辽军无心再战，派人议和。这时，宋真宗也已厌倦了军旅劳碌，决定与辽议和。最终，在寇准的暗中努力下，宋辽两国结成了"澶渊之盟"。

寇准为官几十年，位高权重，却从未置田园宅第，上朝觐见竟然客居僧舍。"居家俭素，所卧清帷，二十年不易。"寇准出任宰相之后，选贤任能，不讲门第，不按照资序，经常破格用人。那些出身贫寒但有真才实学之人，受到寇准青睐并得以重用。御史台是专门评议朝政得失的机构，御史则被称为言官。每当御史台官员有缺额时，他就让平时敢于直言进谏的人去担任。

景德三年（1006），寇准因奸臣之谗言而被免去相职，被贬到陕州（今河南陕州区）做知州，后贬任道州（今湖南道县）司马。故当时京师盛传民谚："欲得天下宁，当拔眼中钉（指丁谓）；欲得天下好，莫如召寇老。"可见，人心自有向背。乾兴元年（1022），寇准又被贬雷州。南行之时，吏民遮道相送，连马也不愿前行似的。

天圣元年，寇准病死雷州，享年六十三岁。朝廷准其妻将寇准归葬故里，据说送葬队伍途经荆南公安县时，百姓沿途设祭哭拜。为官刚毅清廉，不喜溜须阿附的宰相寇准，被后人誉为"北宋的脊梁"。

3. 善政惠民的真德秀

真德秀（1178—1235），字景元，号西山，建州蒲城（今属福建）人，宋代著名学者。庆元五年进士，历任湖南安抚使、翰林学士、参知政事等职。著有《西山政训》《大学衍义》等书。他遵奉程朱理学，但与那些沉湎于性命之学、整日空言论道的理学家不同，积极为官从政，勤政廉明工作，治理政事务实惠民。

早年，真德秀初任福建府幕僚，就力主革除官场弊病。当时，南宋每年都要向金国缴纳贡赋，同时还需要支付与日俱增的军政费用。所以，政府极尽榨取民脂民膏之法，推行"钞法楮令"，滥发纸币，致使货币贬值、物价飞涨。偌大的官场，人人为了能够自保，纷纷选择了缄默不语。唯有真德秀冒死呈奏，直言"钞法楮令"的危害："或一夫坐罪，而并籍昆弟财；或亏陌四钱，而没入百万之赀。至于科富室之钱，拘盐商之舟，视产高下，配民藏楮，鬻田宅以收券者，虽大家不能免，尚得名便民之策？"（《宋史·真德秀传》）朝廷权衡再三，勉强采纳了真德秀的建议，陆续返还没收的财产，百姓得以暂时的安宁。

真德秀从宦几十年，在多地为官任职。每到一地，他都尽心治理，兴修水利工程，发展农业生产，整顿吏治腐败，安定社会秩序，真正惠及百姓。在任湖南安抚使期间，他废除"耗米"（即农夫交纳税粮时需增交的损耗部分，大多为正税的百分之五十，有的甚至超过正税的一两倍）、"和籴"（即战时军队用钱买百姓的粮食以供军需，后因政府财政拮据，支付的钱越来越少，甚至后来就分文不给，实际成了一种额外赋税）两种苛捐杂税，大大减轻了百姓的负担。此外，他还将征收来的税粮利用起来，创立了

"惠民仓""社仓""慈幼仓"等储备粮仓。每逢青黄不接或水旱灾荒时，就会以平价售卖给农民或救助无劳动能力的老人和儿童，帮助其渡过难关。可以说，这是真德秀把理学思想中的某些精髓（如"仁义""博爱"等）应用于其政治实践中的具体体现。他这种治政抚民的做法，值得今人借鉴。

真德秀所编纂的《西山政训》一书也是宋代时期重要的官箴之作。他主张为官要先行教化而后刑罚，强调为官者要从治理民俗入手，以身作则。他认为，官员为政的基本要领是廉、仁、公、勤，即"律己以廉""抚民以仁""存心以公""莅事以勤"。

真德秀认为，但凡名士大夫，即使万分的廉洁，也只是小的善行，如果有一点点贪污，就是大的过错。不廉洁的官吏，如果蒙上不清白的罪名，即使在其他方面有优点，也不能赎清自己的罪名。所以，真德秀主张为官者要用廉洁来约束自己。当时，丞相史弥远拉拢名士，官员中送礼买官成风。有一次，适逢史弥远生日，他大肆操办酒席，官吏们也争献珍奇礼物，唯有真德秀仅书写"开诚心，布公道，集众思，广忠益"十二个大字相送。后来，真德秀出任江东转运副使，把当地衙门和下属平时的贺礼馈赠一律存公，不入私囊，用于赈济灾民。在给儿子的书信中，真德秀写道："奢不可纵，欲不可穷……俭者廉之本，廉者行之先。"

真德秀在《大学衍义》中引用朱熹语录"己者人欲之私也，礼者天理之公也，一心之中二者不容并立"后，在其所加写的按语中说："所谓私欲害人甚于寇贼，故必勇往力行克而去之。"

(《大学衍义》卷十一)在真德秀看来,公正就能明察事理,自私的念头一旦萌生,就会颠倒是非,要想使得事情符合道理是不可能做到的。所以,真德秀主张,为官者必须居心要公正。在真德秀看来,当官者如果有一天不勤政,下面的百姓必然会受害。古代的圣贤人物,尚且日色已晚还不吃饭、坐着等天明这样勤于政事,何况那些不如圣贤的人呢?所以,为官者必须要勤勉地处理政事。

第七章
传统文明衰落中的强化

明清时期是我国统一的多民族国家进一步巩固和封建制度渐趋衰落的时期。这一时期，政治上呈现出封建君主专制制度空前强化的局面。明政府通过废丞相、设厂卫和施行八股取士等措施，极大地强化了中央集权的封建君主专制。清前期通过设军机处和大兴文字狱等手段，不断强化皇权统治。经济上，封建经济继续发展，商业空前繁荣。同时，由于受多种因素的影响，封建自然经济呈现出走向解体的迹象。在思想方面，这一时期出现了反君主专制的民主思想，传统科技依然走在世界前列，总结性的科学巨著相继问世，反封建的思想性和艺术性高度结合的文学名著不断涌现。然而，伴随着封建社会的不断发展，政治肌体上滋生的诸多积弊日渐显露，不同层面的腐败愈发严重。所以，社会不断发展和弊病日渐呈露，两者交相呼应，演绎出明清两朝鲜明的时代景观。

基于维护封建统治的目的，以朱元璋、康熙和乾隆为代表的封建统治者积极地倡廉惩贪；以黄宗羲、顾炎武和王夫之为代表的思想家，出于封建士人的使命与担当，面对日渐严重的社会危机,提出了加强吏治建设和反贪倡廉的诸多思想主张;以郭允礼、薛瑄、王文禄等为代表的封建官吏,基于自身为官的实践,提出了为官从政必须遵循的为官之法,编辑整理而成多部官箴书,为官员廉洁从政鼓与呼。此外,以海瑞、张居正、于成龙为代表的清官循吏,积极践行清廉为政之德,深受人们尊重与敬仰。可以说,在明清封建文明渐趋衰落的历史潮流中,中国传统廉洁之德出现了强化的趋势。

一、明清统治者们的倡廉惩贪

1. 明太祖倡俭惩贪与"洪武之治"

朱元璋(1328—1398),字国瑞,濠州钟离(今安徽凤阳)人,明朝开国皇帝。他出身布衣,深知民间疾苦、物力维艰,亲历元末战乱,目睹了元末主荒臣贪、吏治腐败而终致灭亡的现实。《明太祖宝训》卷六中写道:"昔在民间时,见州县官吏,多不恤民,往往贪财好色,饮酒废事,凡民间疾苦,视之漠然,心实怒之。故今严法禁,但遇官吏贪污,蠹害吾民者,罪之不恕。"他还说:"元季君臣耽于逸乐,循至沦亡,其失在于纵驰,元实非宽也。"朱元璋吸取元代灭亡的深刻教训,认为:"丧乱之源,由于骄逸。大抵居高位者易骄,处逸乐者易侈。骄则善言不入而过不闻,侈则善道不立而行不顾。如此者,未有不亡。"[1] 所以,

[1] 张涛、项永琴:《中华伦理范畴:廉》,中国社会科学出版社2006年版,第220页。

朱元璋在位时期，非常重视以身作则，勤政俭朴。

一是勤谨为政，躬行节俭。朱元璋认为："安危治乱，在于能谨与否耳。"（《明太祖宝训》卷四）一个国家的安危治乱，主要在于为政者能否真正做到勤于政事。他还说："自昔有国家者，未有不以勤而兴，以逸而废。勤与逸，理乱盛衰所系也。"（同上）正是基于对勤政有如此之认识，所以朱元璋多次勉励官吏们要克勤克俭，居安思危，切莫贪图安逸，苟其职事。

朱元璋还十分重视以身作则，率先垂范。他说："朕自即位以来，常以勤励自勉，未旦即临朝，晡时而后还宫。夜卧不能安席，披衣而起，或仰观天象，见一星失次，即为忧惕，或度量民事，有当速行者，即次第笔记，待旦发遣。"（《明太祖实录》卷一一五）一方面，朱元璋躬行节俭。他说："居上能俭，可以导俗，居上而侈，必至厉民。"（《明太祖实录》卷一〇六）1364年，当陈友谅的势力被消灭后，部下中有人就将陈友谅的镂金床送给朱元璋。他说："此与孟昶七宝溺器何异也？以一床工巧若此，其余可知。陈氏父子穷奢极靡，焉得不亡。"（《明史纪事本末》卷四）故而坚决不收镂金床。1368年，他特别强调侍臣造车、制御服时，不要用黄金装饰，而是把黄金换成黄铜。1376年，当负责营建皇宫的官员把建造图样送交朱元璋审定时，朱元璋就将奢华部分去掉，并对侍臣说："唐虞之时，宫室朴素，后世穷极奢丽……凡雕饰奇巧，一切不用。惟朴素坚壮可传永久，使吾后世子孙守以为法。至于台榭花囿之作，劳民费财，以事游欢之乐，朕决不为之。"(《明史纪事本末》卷四)另一方面,他又以俭示下,告诫身边的近臣及太子、诸王要切忌骄奢淫逸。他曾对太子说:"凡一居处服用之间,必念农之劳,取之有制,用之有节,使之不至于饥寒,方尽为上道,若复加之横敛,则民不胜其苦矣。"[1]为根除奢侈铺张浪费之风,他还命令群臣要"……自今宜量入为出,裁省妄费,宁使有余,毋令不足"(《典故纪闻》卷三)。总之,朱元璋一生躬行节俭,率天下以俭之道,对洪武中兴的出现有积极意义。

二是重典治贪,惩防并举。元朝末年,贪污行贿大行其道,官吏"罔然不知廉耻之为何物"。在朱元璋看来,很大程度上是由于官吏的贪腐泛滥最终导致了元朝的灭亡。所以,为了维护和巩固其封建统治,朱元璋上台后,即刻掀起了一场声势浩大的惩贪治污风暴。

朱元璋认为"元以宽失天下,朕救之以猛","刑罚者,惩恶之药石也"(《明通鉴》卷四)。所以,他主张重典治世、惩恶治贪。朱元璋定制说:"凡官吏人等犯枉法赃者,不分南北,俱发北方边卫充军。"具体来说,一方面,朱元璋主张要"严密法网"。他认为唐宋以来,皆有成律断狱。1369年,他命令中书省定律令,并且强调到定律令"本欲除贪",不能"一事两端,可轻可重,使贪滑之吏得以因缘为奸"。正是在朱元璋的亲自主持下,明初编订了《大明律》。其中规定:"受财枉法者,一贯以下杖七十,每五贯加

[1] 张涛、项永琴:《中华伦理范畴:廉》,第221页。

一等,至八十贯绞;受财不枉法者,一贯以下杖六十,每五贯加一等,至一百二十贯,杖一百,流三千里。"另一方面,他又主张"法外用刑"。对贪官污吏严惩不贷。他说:"朕尝著令,凡吏卒违法,绳之以死。"(《明通鉴》卷六)1385年,御史余敏、丁廷举揭发户部侍郎郭桓勾结浙江富豪贪赃枉法,盗窃官粮七百余万石,鱼肉百姓。朱元璋为杀一儆百,要求对其进行彻底严查。结果自六部左右侍郎以下至地方官,被判处死刑者达万余人。因受其牵连而受刑的官吏豪强更是不计其数。当然,单纯地依靠严刑峻法来澄清吏治,那也只是"取决一时,非以为则",目的是使全国臣民畏法、守法,形成良好的政治秩序。[1]但是,单纯的事后惩治并不能从根本上根除和杜绝腐败。所以,朱元璋就曾感叹:"吏卒赃吏,岂能尽革。""我欲除贪赃官吏,奈何朝杀而夕犯?"这说明,要铲除贪腐必须有事前的预防措施。

王春瑜先生主编的《中国反贪史》一书中,就列举了许多关于朱元璋防贪的措施,如:"严明官吏职守、严禁官吏下乡扰民、设重法防范官吏贪赃害民、禁止官民勾结、对官吏犯赃罪者层层追查等。"[2]当然,除了这些具体的措施外,还有一些制度方面的规定。如制定了关于官吏铨选与考核的制度。《明史·选举志三》中记载:"遂罢科举,别令有司察举贤才,以德行为本,而文艺次之。其目,曰聪明正直,曰贤良方正,曰孝弟力田,曰儒士,曰

---

[1] 刘泽华、葛荃主编:《中国古代政治思想史》,南开大学出版社2001年版,第472页。
[2] 王春瑜:《中国反贪史》,四川人民出版社2000年版,第853—855页。

孝廉,曰秀才,曰人才,曰耆民。皆礼送京师,不次擢用。"可见,朱元璋把德行作为官吏选任的首要条件。在官吏考核制度方面,其基本形式主要有两种:考满和考察。"考满,论一身所历之俸,其目有三:曰称职,曰平常,曰不称职,为上、中、下三等。考察,通天下内外官计之,其目有八:曰贪,曰酷,曰浮躁,曰不及,曰老,曰病,曰罢,曰不谨。考满之法,三年给由,曰初考,六年曰再考,九年曰通考。"(《明史·选举志三》)为了对官吏进行有力的监督,朱元璋在中央设立了都察院和六科给事中两个机构专门负责。都察院是全国的最高监察机关,可以监督大小官吏;六科给事中主要负责对六部官吏的监察。地方上,设立十三道,由专门的监察御史负责对地方官吏的监督。此外,朱元璋还重视民众对官吏的监督,鼓励民众进京"告奸"。朱元璋在《大诰》里规定,凡官吏违旨扰民、相互勾结、包揽词讼、教唆陷人者,民众可以"联名赴京状奏",持诰赴京,甚至可以将害民之吏"绑缚赴京"。各地官府对于持诰赴京面奏之民,不得阻拦,即使没有"文引",也要放行;否则,官吏"族诛"。[1] 这一做法与规定,在历史上实属罕见。

三是表彰廉吏,弘扬正气。朱元璋深知"为君之道,执赏罚二柄"的重要,所以,在强调严厉惩治贪官污吏的同时,又注意奖掖廉洁之官吏。有一次,朱元璋发现弘学馆学士罗复仁的书斋破旧不堪,连忙说道:"好秀才怎能住这样破烂的房子?"便赐给他一座新

---

1 / 刘泽华、葛荃主编:《中国古代政治思想史》,第472页。

房子。有一年，遇到干旱，农民正忙着抗旱抢种庄稼。当地军官却下令征调民工修城，方克勤连忙请求中书省取消了这项徭役。他进京朝见时，朱元璋特地为此赐宴表扬他。

简言之，正是朱元璋积极采取了这样一系列的严防官吏腐败的措施，才使得明朝初年的政治、经济、文化获得较大发展，后世史学家们将这一段时期称为"洪武之治"。

2. 康熙帝尚廉惩贪与"康熙盛世"

康熙（爱新觉罗·玄烨，1654—1722）是清朝入主中原后的第二位皇帝，八岁登基，十四岁亲政，在位时间共六十一年，是中国封建历史上在位时间最长的帝王，也是有清一代最为杰出的皇帝。他在位时，积极顺应历史潮流，因势利导，励精图治，将一个经济凋敝、社会动荡的中国发展成为经济繁荣、社会稳定的东方强国。人们将这一段时期称为"康熙盛世"。究其成功之原因，不难发现与其整饬吏治、厉行节约、倡廉反腐等廉政举措密切相关。

崇尚俭约。清初，刚刚经历了明清鼎革，山河残破，民生凋敝，社会经济遭到严重破坏，但官场上吃喝之风却极为盛行。刑部尚书王士禛在《带经堂诗话》中就曾描绘道："近京师筵席多尚异味"，"今京师宴席最重鹿尾，虽猩唇、驼峰未足为比"，"滦鲫黄羊满玉盘，莱鸡紫蟹等闲看"，各种奇珍异味毕现，其奢靡程度令人咂舌。康熙帝对于满洲人的奢靡旧俗，颇感不满。他说："满洲习俗，好为嬉戏，凡嫁娶丧祭之仪，过于靡费，不可枚举。"[1]
他还深知"天生之财有限，民之脂膏易尽"，"纵观历代，皆由朴而渐于奢……然不可不禁也"（《清圣祖实录》卷二百一）。认为："帝王致治，首在维持风化，辨别等威，崇尚节俭，禁止奢侈。"（《清圣祖实录》卷三十九）所以，康熙亲政之后不久，就颁布《上谕十六条》，把"尚节俭，以惜财用"作为其施政方针。1672年，康熙谕礼部："崇尚节俭，禁止奢侈，故能使人心淳朴，治化休隆。近见内外官员、军民人等，服用奢靡，僭越无度。富者趋尚华丽，贫者互相效尤，以致窘乏为非，盗窃诈伪，由此而起。人心嚣凌，风俗颓坏，其于治化，所关匪细。"康熙要求九卿等官会同礼部制定办法严加禁止。他还说："世之财物，天地所生以养人者有限，人若节用，自可有余，奢用则顷刻尽耳，何处得增益耶？""国家财赋出于民，民力有限，当思撙节爱养，则国家常见其有余。""天下之物力有限，当为天下惜之。"康熙还曾作《勤俭论》一文，阐述力戒浮奢、节用俭约对于国家治乱兴衰的重大意义，希望各级官员高度重视、身体力行。不仅如此，他还率先垂范，"躬行节俭为天下先"，节俭从自身做起，从每年所需供御之物开始，一概从俭。带头不食烟酒，日常所用之物也是多年不更换。他曾说："当以一人治天下，不以天下奉一人，以此为训，不敢过也。"此外，他还写《勤俭论》以作自警："崇宫室，丰饮食，美衣服，此人心也，其几易溺；敬天地，孝祖宗，拯民生，此道心

[1] 张涛、项永琴：《中华伦理范畴：廉》，第258页。

也,其几易怠。溺则侈,侈则嗜欲日荒;怠则逸,逸则理道日远。发于一心,见于天下,而盛衰治乱之途判矣。"(《康熙政要·论俭约》)在他的带动下,"诸大臣亦皆效法,不用金银器皿、金镫等物。此时服用较从前十分之内,已减九分矣"(《清圣祖实录》卷二百一)。

严惩贪腐。康熙在位时,贪污之风极盛。地方官吏任意盘剥欺压百姓,官场上卖官鬻爵严重。《清圣祖实录》中记录了当时官场请托、馈送之风:"生民困苦已极。大臣长吏之家,日益富饶,民间情形虽未昭著,近因家无衣食,将子女入京贱鬻者,不可胜数。"鉴于此,康熙认为"致治之道,首在惩戒贪蠹","治国莫要于惩贪","治天下以惩贪奖廉为要务"。所以,康熙帝决心重典惩贪治吏。1684年,他第一次考察全国官吏,就惩治了贪官污吏133人。1685年,在广东、云南秋审后,康熙表示:"凡别项人犯尚可宽恕,贪官之罪断不可宽!此等人蔑视法纪、贪污不悛者,只以缓决故耳。今若法不加严,不肖之徒何以知警?"(《清圣祖实录》卷一二二)主张严惩贪官。此外,山西巡抚穆尔赛贪得无厌,劣迹昭彰。康熙知道后,就说:"穆尔赛身为大吏,贪酷已极,秽迹显著,非用重典,何以示惩?⋯⋯治天下以惩贪奖廉为要,廉洁者,奖一以劝众,贪婪者,惩一以儆百。"(《清圣祖圣训》卷二十三)随后下旨,立即行斩。据《清圣祖实录》统计,康熙朝知府以上官员,因贪污罪被流放或判处死刑者达15人之多。

奖廉循良。澄清吏治,惩贪固然重要,但奖廉循良也不失为明智之举。康熙说:"正朝廷以正百官,正百官以正万民。举贤退不肖,正百官也,二者不可偏废。"(《康熙政要》卷一)所以,鉴于此,他总是利用各种机会,在全国树立一批清官廉吏的典型,使之成为大小官员学习的榜样。于成龙,天南地北为官,宦海沉浮二十年,只身天涯,躬行俭朴。在直隶,他"屑糠杂米为粥,与同仆共吃"。在江南,他"日食粗粝一盂,粥糜一匙,侑以青菜,终年不知肉味",江南百姓称他为"于青菜"。康熙帝三次以于成龙"卓异"而提拔,并赞誉为"天下廉吏第一"。于成龙去世后,康熙帝亲自为其撰写碑文。郭琇,康熙九年(1670)进士,康熙十八年任江南吴江知县。居官七年,操守廉洁,治政之行为江南之最善。康熙二十五年,巡抚汤斌举荐郭琇说:"居心恬淡,莅事精锐,请迁擢。"康熙准其奏,决定升郭琇为江南道御史。后又迁至左都御史。因弹劾权相,而有直臣之名。康熙三十八年,康熙传谕:"原任左都御史郭琇,前为吴江令,居官甚善,百姓感颂至今。其人有胆量,授湖广总督。"陈璸任台湾道时,曾将应得公使银三万两全部用于修理炮台,而自己分文不取。他对金钱有着清醒的认识,曾说:"官吏妄取一钱,即与百千万金无异。"康熙帝称他道:"居官甚优,操守极清,朕所罕见,恐古人中亦不多得也。"陈璸病故以后,康熙帝传谕:"追授礼部尚书,凡祭葬立碑予谥之处,皆照尚书衔给予,并荫一子入监读书,以示朕优礼清廉大臣之意。"

政治唯在端本清源,源清则流洁。纵观清初康熙时期的禁革奢靡、倡行俭约政策，正是因为上有康熙本人身体力行、高度重视，下有许多地方官员秉承意旨、积极贯彻，成效十分显著，致使当时的社会风气也为之一变，呈现出"明（君）良（臣）交泰，民物熙丰，俗美风醇，寰宇清晏"的封建盛世局面。

3. 乾隆帝惩贪养廉与"乾隆盛世"

乾隆（1711—1799），即清高宗弘历。其在位的时期是清王朝由盛转衰的时期。当时，奢侈之风日渐猖獗，官员腐化日深，贪污成为官场中的普遍现象。当时，不仅一般官员凭借职权巧取豪夺、挪用公款、违法经商、中饱私囊、监守自盗，就连一二品的大员，也是赃私累累。乾隆皇帝不得不承认，当时"各省督抚中洁己自爱者，不过十之二三，而防闲不峻者，亦恐不一而足"。面对如此的贪腐局面，乾隆深刻认识到"贪墨之吏，蠹国祸民，为害甚巨"，必须采取严厉的措施：

从严治腐。乾隆曾反复告诫臣下说："干犯法纪之人，莫如悖逆、贪污二者，于法断无可纵。"（《清高祖实录·卷五七六》）基于此认识，乾隆在位期间，一方面修订了许多惩治贪腐的法律条例。如乾隆五年所颁布的《大清律例》，共纂入则例一千零四十九条，还规定则例修改的频率为三年一修。乾隆六年，对贪污罪官限内完赃条例进行了修改，强调对贪污的官员不仅要在规定期限内上缴赃款，还要被发往军台做苦力。乾隆二十三年，又废除了贪污官吏在限内完赃可以减刑的旧例，使惩治贪腐的法律变得愈加严厉。乾隆四十二年，他又重申了"亏空钱粮人已限内完赃不准减等"的规定。这些严厉的法律条例，对官员的贪污腐败起到一定的威慑作用。另一方面，乾隆还对贪腐的官吏严惩不贷。据考，清代二品以上大员，因侵贪或因侵贪与另罪并罚而被惩罚、处绞、令其自尽的官员有四十一人，而仅乾隆朝就有二十七人之多，其中因侵贪而被处以极刑的督抚就有十七人。另据《清实录》和《清史稿》进行的初步统计，仅是处斩的就有将军四人，总督五人，巡抚十人，布政使八人，按察使二人，学政二人，参赞大臣一人，办事大臣一人，盐政二人。

此外，为了加强吏治，乾隆还颁布了许多禁贪诰令。他发现有些地方总督和巡抚，存有收受下属土特产等小礼物的现象，觉得有必要防微杜渐，以保吏治廉洁。所以，在乾隆元年即颁发《禁督抚受土宜》的上谕说：

> 谕总理事务王大臣，朕闻近日督抚中，于属员馈送土宜物件，间有收受一二者，此风断不可长。夫吏治以操守廉洁为本，而持廉之道，莫先于谨小慎微。是以悬鱼留犊，前史著为美谈。而陆贽亦云，鞭靴不已，必及珠玉。古名臣持身之谨恪如此，我皇考世宗宪皇帝，宵旰勤劳，日以整饬官方，澄清吏治，为惠养斯民之要道。十余年来，直省督抚，类能禀守训谕，砥砺清操。用使大法小廉，以贪墨为惧，而闾阎共受其福。朕继绪以来，

实冀中外臣工,恪遵圣训,实力奉行,一如皇考临御之时。岂可以交际之微,开苞苴之渐?且从前州县陋规未革,所入本丰。即馈送上司,亦非尽剥削小民所得。自酌定养廉,各有定数,多者千金,少者数百金,仅足为养赡家口,延致幕宾之资,安有余力交接上司?势必额外巧取,吾民深受其患。督抚为一省表率,既收州县土宜,则两司道府馈送,又不可却。层累递及,督抚所收有限,而属员之费,已不赀矣。且我皇考著定养廉之意,原欲使上司下属,无丝毫之接受。则举劾悉出公心,无所瞻徇回护。至督抚养廉之项,颇为宽裕。一丝一粟,不必取办于有司。而属员亦不得借端献媚,俾督抚得洁己秉公,尽察吏安民之职。设因些微土产,而于黜陟之间,稍干物议,抑岂远嫌之道?我皇考澄清整饬之良规,万世所当遵守者,何忍稍有踰越,渐至纵驰?是用特申诫谕,务各凛遵。如有暗中收受者,或经朕访闻,或被风闻参劾,必严加议处,以为篚篚不饬之戒。

可以说,谨小慎微、防微杜渐也是乾隆预防官吏腐败的一个思路。

增俸养廉。养廉银制度的实施,由来已久。乾隆继承雍正年间的养廉银制度,使得养廉银的范围有了进一步的扩大,发放也渐趋合理与平衡。雍正朝各地官员养廉银的数额差别很大,屡有变更，尚不划一。乾隆就曾指出："各省督抚养廉有二三百万两，有仅止数千两者，在督抚俱属办理公务，而养廉多寡悬殊，似属未均。"为此，乾隆提出要"酌量地方远近、事务繁简、用度多寡，量为衰益"(《清高宗实录·卷二九〇》)。自乾隆十二年始，清廷对地方官吏的养廉银的额度进行调整，使其有一大致的标准。在乾隆朝以前，只有文官才享有养廉银，武官是没有的。乾隆四十七年，他开始给武官增发养廉银，并且规定其数额为：提督每员岁给养廉两千两，总兵一千五百两，副将八百两，参将五百两，游击四百两，都司二百六十两，守备二百两。(《大清会典事例》)

可以说，养廉银制度的实施，使官吏的待遇和生活状况有了很大的改善，对官吏的科敛勒索、收受贿赂等腐败行为起到一定的遏制作用。但是，这种制度在防治贪腐方面的作用又是十分有限的，它只能是养廉者之廉，根本无法满足贪腐者无休止的贪欲。乾隆朝中后期贪污腐败的盛行，就足以说明这种制度的作用是十分有限的。

总之，中国明清封建王朝的一些开明君主，践行着儒家的廉德思想，清廉以自守，清廉以为政，从而成就了一个个封建盛世的辉煌。

二、"清初三先生"的廉洁思想

明末清初之际，黄宗羲、顾炎武和王夫之三人，以博大精深的学问著称于世,被后世尊称为"清初三先生"。他们对历史盛衰的经验教训进行深刻批判与总结,为变革现实进行摇旗呐喊。他们虽然没有机会实践自己的政治理想,但却为未来的国家治理者设计了一整套的社会改革方案。在他们的社会变革主张中,也有对于吏治的思考和关于反贪倡廉的内容。他们直接着墨于廉政问题的内容并不多,但他们所讨论的政治问题,无不牵涉廉政的根本,将中国传统廉政思想推进到一个新境界。

1. 以制保廉:黄宗羲的廉洁主张

黄宗羲(1610—1695),字太冲,号南雷,又号黎洲,浙江余姚人。他早年参加反对阉党的斗争,明亡后又参加抗清斗争,是明末清初一位著名的启蒙思想家和爱国主义者。一生著述颇丰,代表性著作有:《明夷待访录》《明儒学案》《宋元学案》等。

反对君主专制,提出主权在民。黄宗羲对君主专制制度进行大张挞伐。他认为封建皇帝们都是一些自私自利者,为了个人之私利而去争夺天下,结果"荼毒天下之肝脑,离散天下之子女"。黄宗羲得出结论,认为"为天下之大害者,君而已矣",皇帝是天下最大的贪婪者。因此,他反对"以君为主,天下为客"的现实,主张"天下为主,君为客","天下之治乱,不在一姓之兴亡,而在万民之忧乐"。黄宗羲批判君主专制,提出主权在民的主张,是以肯定和张扬人的"自然权利"为出发点的。《明夷待访录》开宗明义地指出"有生之初,人各自私也,人各自利也",

这是人的本性所在，也是人不可剥夺的自然权利。那么，君主或国家的责任就是要"使天下受其利"，"使天下释其害"。"天下之大公"就是让普天之下"各得其私，各得其利"，理想的君主就是要"公天下"，让民众的正当欲求得到充分的满足，这才是为政者统治的"天下之理"。

完善政治法律制度，解决社会治乱问题。黄宗羲认为正是因为"三代以上有法，三代以下无法"，所以进而导致近世社会混乱的不断发生，统治者只有制定出像三代那样"藏天下于天下者"的公法，才能有效地治理国家。因此，黄宗羲提出"有治法而后有治人"的主张，强调必须立天下之法，才能有法可依以治国，才能使各级官吏无"法外之意存乎其间。其人是也，则可以无不行之意；其人非也，亦不至深刻网罗，反害天下"，从而能为社会兴利除害。

黄宗羲的廉政思想不仅表现在批判君主专制、伸张民权方面，还提出要建立和完善监督机制，对君权和朝政进行有效的监督。黄宗羲认为，治理国家，不能凭君主一人独断专行，天子并非圣明，"天子之所是未必是，天子之所非未必非"，为了防止天子"自以为是"，学校议政是非常有必要的。在黄宗羲看来，学校既是培养士子的地方，也是"治天下之具"，是评议朝政、实施监督的重要场所。他说"公其非是于学校"，认为高素质的学人士子应该广泛参加议政，评论国家方针政策，为政府出谋划策。可以说，黄宗羲重视法律制度建设，重视加强对为官从政者的监督与约束，对于社会的廉政建设具有重要启迪意义,也为近代廉政思想的形成提供了丰富的思想资源。

此外,黄宗羲还主张广泛访选廉能之吏。他认为官场大环境的优劣对官吏价值取向影响甚大。如果周边的官吏都贪腐,即使偶尔有廉能之吏出现也不会长久。众人皆贪,唯一不贪之人就会遭到同僚所排斥或耻笑。所以,必须要在官吏选拔时,坚持"廉"比"能"更重要的原则。《明夷待访录》中就说:"能者,才也。廉者,德也。"天下有能力的官吏多,而廉洁的官吏少。求得德才兼备的之人才是最好的。唯此,才能营造良好的官场生态,为官吏的清正廉明从政创造条件。

2. 立廉除贪:顾炎武的廉政主张

顾炎武(1613—1682),初名绛,后改为炎武,江苏昆山人,学者称其为"亭林先生"。他出生于世儒名门,早年科举累试不第,退而潜心读书。明亡以后,投笔从戎,为复明大业奔走各地。"读万卷书,行万里路。"顾炎武对经学、音韵、历史、地理、诗文等都有深入研究。顾炎武孜孜一生,著述丰硕。王弘曾对此评价道:"卷帙之积,几等于身。"其主要著作有:《日知录》(三十二卷)、《天下郡国利病书》(一百二十卷)、《音学五书》(三十八卷)等。

顾炎武生活在一个"天崩地坼"的时代,面对"神州荡覆,宗社丘墟"的社会现实,他对国与天下、君主与臣民关系进行了深入思考，对封建专制制度进行了尖锐批判，对社会风气进行了猛烈抨击。《日知录·明教》中就说："乃以今观之，则无官不赂遗，而人人皆吏士之为矣；无守不盗窃，而人人皆僮竖之为矣。自其束发读书之时，所以劝之者，不过所谓'千钟粟''黄金屋'，而一旦服官，即求其所大欲。君臣上下怀利以相接，遂成风流，不可复制。"[1] 在顾炎武看来，社会风气的败坏关键在于人缺乏应有的伦理道德。在《日知录·廉耻》篇中，顾炎武肯定了管子"礼义廉耻，国之四维；四维不张，国乃灭亡"的思想，认为："礼义，治人之大法；廉耻，立人之大节。盖不廉则无所不取，不耻则无所不为。"[2] 顾炎武认为，礼义是用以治人的，廉耻是用以立人的。一个人如果不廉，就会无所不取；如果不耻，就必然会无所不为。在礼义廉耻四者中，耻是非常重要的，一个人之所以不清廉，甚至是违犯礼义，就在于不知廉耻。所以，顾炎武强调说："廉耻者，士人之美节；……士人有廉耻，则天下有风俗。"[3] 有廉耻之心，是士人君子的一大美德。如果士人都讲廉耻，那么天下的风俗就自然会好起来。在《日知录·除贪》中，顾炎武对历史上的清廉官吏多有论及，如"宋包拯诫子孙：'有犯赃者，不得归本家，死不得葬大茔。'此今日士大夫教子孙者之法也"，言辞中流露出对清廉的赞赏态度。

那么，到底什么是"廉"呢？在《日知录·史

[1] 顾炎武著，黄汝成集释：《日知录集释》，上海古籍出版社2013年版，第767页。

[2] 顾炎武著，黄汝成集释：《日知录集释》，第772页。

[3] 顾炎武著，黄汝成集释：《日知录集释》，第773页。

记注》中,顾炎武说:"廉者知取知予,无求多于人,义然后取,人不厌其取。是以取之虽少,而久久更富,廉者之所得乃有其五也。"[1] 在顾炎武看来,"廉"就是既知道取,也懂得给予,同时还要坚持以"义"为前提。可见,顾炎武对"廉"范畴的解释与孔子、孟子论"廉"的思想是基本一致的,"廉"绝不是不食人间烟火的一种个人洁癖,而是在坚持正确的义利原则前提下"知取知予""义然后取"的正确取舍观。

为官者怎样才能实现廉洁政治呢?顾炎武在《日知录》中强调:一是除贪必用严法。《日知录·除贪》中说:"法不立,诛不必,而欲为吏者之毋贪,不可得也。"意思是说,如果法制不确立,惩罚不坚决果断,而想要当官的不贪污是不可能的。为了支撑他的观点,顾炎武引用汉唐时期惩治贪官的案例来说明贪官必杀也是中国盛世年代的做法。他说,汉朝的时候没有一个犯贪赃罪的贪官可以不死。唐朝的时候,犯贪赃罪的贪官,大多数在判决之后当堂就被杀掉了,只有个别特殊人物被流放到岭南地区。唐睿宗太极元年(712)所制定的刑典规定,政府长官违法贪赃一匹以上者,一律先受杖刑一百。当然,顾炎武主张诛杀贪官,并非说凡有贪污行为的官员都得杀掉,而是强调对犯有贪赃罪的官员,一律不得赦免其罪,按照刑律该杀的则格杀勿论,罪不至死的也必加严惩,决不能仁慈。二是奖廉促进廉政。顾炎武主张用"奖廉"的办法来激励在职官员,使他们能安守清廉而不贪于他人的贿赂。《日知

---

[1] 顾炎武著,黄汝成集释:《日知录集释》,第1529页。

录·名教》中就说:"今日所以变化人心、荡涤污俗者,莫急于劝学、奖廉二事。天下之士,有能笃信好学,至老不倦,卓然可当方正有道之举者,官之以翰林、国子之秩,而听其出处,则人皆知向学,而不竞于科目矣。庶司之官,有能洁己爱民,以礼告老,而家无儋石之储者,赐之以五顷十顷之地,以为子孙世业,而除其租赋,复其丁徭,则人皆知自守而不贪于货赂矣。"其具体做法是:对各个衙门中平时"能洁己爱民"的清官,到他们"以礼告老"还乡的时候,如果其家境困难,则酌情赐给他们五顷到十顷不等的田地作为其子孙世代相承的永业田,同时免除其租赋和国家摊派的各种劳役。三是治心须靠礼教。顾炎武认为,仅仅依靠"名教"和"法制",还是不能从根本上改变官风和民风的败坏局势。要使官风和民风有根本的好转,应该采取"以礼治心"的"礼教"方式。顾炎武所谓的"礼教",是要求统治者重视儒家"三礼",在国民中普及儒家所提倡的做人标准和行为规范,使民都懂得为人处世的基本规矩。在顾炎武看来,如果连为人处世的基本规矩都不懂,不知道自己该怎样待人接物,那就只能胡作妄为了。

3. 治吏倡廉: 王夫之的廉洁主张

王夫之(1619—1692),字而农,号姜斋,湖南衡阳人,因晚年隐居衡阳石船山,故又称"船山先生"。他出身于一般读书人家,幼负才名,二十四岁中举人。曾投身于南明抗清活动中,后来回到家乡避居，潜心著述。其主要著作有：《张子正蒙注》《周易外传》《思问录》和《读通鉴论》等。

面对封建政权骄奢贪欲、地方官吏贪污腐败的社会现实，王夫之首先探讨了王公贵族们"贪"的起因何在，告诫人们一定不要贪墨。他说："人之贪墨无厌、罪罟不恤者，岂其性然？抑其习之浸淫者不能自拔也。"（《读通鉴论》卷七）王夫之认为，人有贪欲，或是出于本性，或是源于后天的习染。那么，身为地位显赫、家财丰厚的王公贵族，已经远离饥寒之苦，就不要再贪欲无度了。否则，将会给自己带来杀身之祸，对妻妾子孙也会带来不良影响。他还极力谴责贪赃行为。"官无常禄，赃则坐死，日杀人而贪尤甚；有常禄矣，赃乃坐死，可无辞于枉矣，乃抑日杀人而贪尤弥甚。"（《读通鉴论》卷十六）也就是说，不论有无常俸，官吏们的贪赃总是无休止的。

那么，如何才能遏制官吏的贪腐，实现社会的清正廉明呢？王夫之提出，必须要以法严以治吏。王夫之认为，官员队伍的清廉与否至关重要，因为这关系到民心的向背、政权的兴衰和国家的安危。如果任其吏治腐败、贿赂公行，必然会导致家败国亡。《读通鉴论》中说："严下吏之贪，而不问上官，法愈峻，贪益甚，政益乱，民益死，国乃以亡。"在王夫之看来，上级官吏贪渎，必然是通过下级官吏向百姓索取的。一旦东窗事发，他们为了保住自身，必然会从中作梗，或顶风违抗，或消极应付，致使贪污之风愈演愈烈。此外，在上位的官员往往是位高权重之人，他们的影响巨大，如果他们带头贪污腐败，必然损害朝廷的声誉和政府的形象。所以，王夫之明确提出了"严者，治吏之经也"的主张，认为治政必先治吏，尤其是要严惩那些地位较高的大官僚。

此外，王夫之还极力倡导廉政。在《读通鉴论》中，王夫之就指出，很多官员腐败，并不是因为他们天生就如此，或是不知道腐败会遭到法律的严惩，而主要是因为官吏个人自身素养太低，拒腐防变的能力太差。所以，他主张"抑贪劝廉"，关键在于使人有廉耻之心，提出"劝惩之道，唯在廉耻而已"。那么，如何培养人们的廉耻之心呢？王夫之认为，应该通过奖掖的办法，严格考核官吏，借以激发人性之"善"。他提出："慎之于选任之日，奖之以君子之道。"也就是说，要用儒家所倡导的节义操行原则考核官吏，经常从正面启发诱导他们尚未泯灭的知耻之心，促其奋发图强，努力提高自身的廉政品味，才能从根本上促进廉洁之风。

此外，王夫之还认为，要使吏风真正好转，还必须要坚持厚禄以养廉，避免他们因为生活窘迫而贪污受贿。他主张效法唐宋，对官吏给予较宽厚的经济待遇，从而使官吏不与民争利，安于职守；否则，官吏无法自养，一味地进行严厉的惩治，那只会引起他们的抱怨。

总起来说，"清初三先生"关注吏治腐败的现实，主张严厉惩贪，大力称颂清廉之德，高扬廉耻意识，积极寻求保廉之途径，充分体现了他们对"廉"的倡导，有力地促进了传统廉德思想的发展。

三、明清时期"官箴书"中的劝廉良言

1. 徐榜《宦游日记》：清廉勤俭

徐榜，号荐所，安徽泾县人。万历壬午年（1582）选贡殿试第一。曾任济南知府、浙江右布政使等官职。任职期间，徐榜在乡村设立了"教童蒙始学"的社学，建立了"明湖书院"。徐榜为官清廉，布衣蔬食，著有官箴之书《宦游日记》。此书分《秉公》《保民》《训廉》《训勤》《俭有四益》《勤有三益》等篇，对为官者提出了诸多品德修养的要求，是徐榜在各处为官时的"自课"，兼具自励和育人的双重性质。

在《训廉》篇中，徐榜说："惟士之廉，犹女之洁。一朝点污，终身玷缺。毋谓暗室，昭昭四知。汝不自爱，神明可欺？"在徐榜看来，廉洁就像女子的贞洁一样，一旦被玷污，终身都无法弥补。为官者不要欺骗自己的内心，不要以为没有人会知道自己的心思，即便在暗室之中，也会天知地知你知我知的，如若不自爱，神明共鉴。纵使你有"黄金五十驼、胡椒八百斛"，也是"生不足为荣，死且有余戮"。

在《俭有四益》篇中，徐榜指出节俭、敛心有四种益处：凡是人有贪财淫逸的过错，都是源于人的挥霍和追求过分的享受，节俭就会不贪财、不淫逸，可以涵养品德；人享受用度自有一定

的分量，节省爱惜不慕名利有长久的道理，可以颐养天年；醉于浓酒、饱于海鲜，容易使人神智昏沉，若是饭食清淡，则肠胃清净，没有残渣沉淀，没有秽物留存，可以保养精神；奢侈就会胡乱索取，苟且求得也会志气低下屈辱，一旦顺从俭省节约，则别人无所求，于自己无所愧，可以保养气血。

在《劝勉》篇中，徐榜对如何对待人的欲望或情欲提出了劝勉。他说对待世态人情应该要淡漠，立志贵在刚强。意志刚强，则情欲贪欲也不能使之屈从，如果淡漠人情，就不会唤起人的贪欲情欲。一个人的喜怒情绪足以败坏公事，而发怒的危害则更为严重，所以人们必须要控制好自己的情绪，当然，根除这个毛病也是最难的。

此外，在《劝勉》篇中，徐榜还特别提到为官者应该如何教养好自己的后代。他说："养子如芝兰，既积学以培植之，又积善以滋润之。"认为为官者要把子女培养成优秀之人，品行芳若芝兰，美若蕙芷，那就必须既要积累学问以培养他们，又要积累善行以润泽他们。因此，为官者的清廉、节俭、不偏私、仁爱才是最好的土壤和肥料。可以说，徐榜的这一培养教育子女的思想弥足珍贵，值得为官者深思，也非常值得今人借鉴。

2. 薛瑄《从政录》：居官七要

薛瑄（1389—1464），字德温，号敬轩，山西河津人。永乐十九年（1421）进士，官至礼部右侍郎兼翰林学士，入阁参与机务，赐礼部尚书。他为官清廉，勤政爱民，晚年致仕居家，著书立说。主要著作有:《读书录》《读书续录》《薛文清先生全集》。从其著作中，辑录出九十七则语录体论述，定名为《从政录》。它是专门研讨为官从政之道的，也是薛瑄数十年官场生涯的经验总结和肺腑之言。

在《从政录》中，薛瑄总结出了为官者切记的"七要"原则。他说:"正以处心，廉以律己，忠以事君，恭以事长，信以接物，宽以待下，敬以处事。此居官之七要也。"[1]具体而言，为官者切不可厌烦恶事，坐视百姓含冤受屈，一切置之不理，这是第一要；为官与人交谈一定要和气从容，若心中有愤怒，就不能平和交谈，这是第二要；为官者自身最宜安详稳重，这样就会不怒自威，令下属敬畏，这是第三要；为官者应该谨慎行事，大凡成就大事之人，一定会谨慎周密，这是第四要；为官者应该慎其心、慎其言、慎其行、慎其事，这是第五要；为官者不可轻视百姓，应以民为本，严格执法，这是第六要；为官者断案应该公正不能偏私，慈爱不能苛责，严明刚直，这是第七要。他还特别指出:"人心公则如烛，四方上下，无所不照。私则如灯，只有一面，光不能遍照也。"所以，为官者应该以自心照自身，以自心照四方，不留灰暗之角，公正无私，光明磊落。

不仅如此，薛瑄还对"廉"范畴有多处直接论及。如"以己之廉，病人之贪，取怨之道也"，"亦有小廉曲谨而不能有为，于事终无益"

[1] 张希清、王秀梅主编:《官典》第一册，吉林人民出版社1998年版，第644页。

等。在薛瑄看来,"廉"就是不贪,这是为官从政者必须具备的重要品质之一。同时,薛瑄还对世之"廉者"进行了细致的区分。《从政录》中说:"世之廉者有三:有见理明而不妄取者,有尚名节而不苟取者,有畏法律保禄位而不敢取者。见理明而不妄取,无所为而然,上也;尚名节而不苟取,狷介之士,其次也;畏法律保禄位而不敢取,则勉强而然,斯又为次也。"[1]在薛瑄看来,清廉的官吏,可以分为三类:即"不妄取者""不苟取者""不敢取者"。这三者都与索取有关,都是"廉"的表现,也说明清廉者并非没有欲望,但是应该将其控制在事理、名节和法律的框架之内。其中,境界最高的就是深明大义而不随意索取者,强调的是"廉"为一种理性的自觉;其次是洁身自好者,突出的是"廉"乃一种自觉的行为;再次是为保禄位而畏法律者,代表了利害权衡下而进行的道德选择。所以,薛瑄认为要做到"廉",既要靠为官者自身节俭戒贪,提倡清正廉洁之风气,也要靠制定严密而完备的规章制度,使欲贪者无机可乘。

总起来说,薛瑄对"廉"的论述,充分体现了他对"廉"范畴的深入思考,也标志着儒家学者对"廉"范畴的认知达到了一个新的水平。

3. 王文禄《廉矩》中的劝廉主张

王文禄(1532—1605),字世廉,海盐人,嘉靖辛卯举人。《廉矩》一书是王文禄的重

[1] 张希清、王秀梅主编:《官典》第一册,第647页。

要"官箴"之作。全书共十八章,具体包括:《太初心廉》《廉理大统》《廉枢广运》《廉君宰世》《君心廉感》《廉臣持世》《廉士守身》《廉民保家》《育廉端蒙》《廉贪几先》《贪戾败廉》《考廉成信》《试廉精别》《择廉密渐》《嫉廉形贪》《偏廉害治》《拔廉崇化》《乘时尚廉》。《廉矩》的内容皆以训廉为主,涵盖了"何谓廉""为何廉"以及"何以廉"的各个方面,这充分反映了王文禄对"廉"认知与思考的系统性与全面性,标志着封建官吏对传统廉洁思想的阐释达到了新的高度,对推动传统廉洁思想的发展具有重要意义。

王文禄在《廉矩》一书中有许多关于论"廉"的言论与主张,现摘录部分以说明之:

《太初心廉章第一》中说:"夫无欲者,廉之清也;无争者,廉之直也;无初者,廉之源也。"

《廉理大统章第二》中说:"夫廉也者,约众理而统同也。譬则五色之白,五味之甘,五声之宫,其实无体,其名无穷。诚廉之确,仁廉之纯,义廉之毅,礼廉之履,乐廉之豫,智廉之知,勇廉之强。"

《廉枢广运章第三》中说:"天非廉则气戾,地非廉则形殨,人非廉则衷罔。廉也者,理之枢也,不可暌也,可暌非廉也。是故诚非廉则厉,仁非廉则懦,义非廉则苛,礼非廉则饰,乐非廉则乖,智非廉则凿,勇非廉则乱,忠非廉则欺,孝非廉则阿,悌非廉则昵,慈非廉则贼,信非廉则绞,别非廉则执,恭非廉则葸,言非廉则诬，明非廉则察，聪非廉则塞，和非廉则流，中非廉则倚，思非廉则惑，睿非廉则窒，道非廉则畔，德非廉则悖，政非廉则驳，刑非廉则滥，赏非廉则僭，文非廉则慝，武非廉则黩。"

《试廉精别章第十三》中说："廉也者，吏之本也……吏铨，按廉而陟之，陟之者廉陟也；按不廉而黜之，黜之者不廉黜也；则群吏皆好廉恶不廉。"

《偏廉害治章第十六》中说："廉者常也，不廉者变也。今廉者见不廉者众也，负恃厥廉，亢而骄，凌而铄，僭而越，威而虐，深文以织之，重典以入之，酷捶以锻之，反不廉者不若也。夫不廉者惮且戢，多平释之。是故廉者刻，不廉者恕，恕者隆，刻者替。今见廉不廉异报，相率怠于廉。盖天心好生，小廉而大恶，偏之害也。若廉而恕，不察不廉，而禁制若不廉是与。"

4. 陈弘谋《从政遗规》中的廉洁思想

陈弘谋（1696—1771），字汝咨，号榕门，广西临桂人。雍正元年（1723）进士，历任扬州知府、江南驿盐道、云南布政使、江苏按察使、两广总督等官职。乾隆二十四年（1759），由吏部尚书授协办大学士。后来，被授东阁大学士。可以说，陈弘谋是清代雍乾时期有名的封疆大吏。从政三十余年，任职十二省二十一个职位，被认为是"十八世纪清帝国最有影响的汉族官员"。陈弘谋不仅政绩斐然，而且著有《学仕遗规》《养正遗规》《教女遗规》《训俗遗规》《从政遗规》和《在官法戒录》等书。其中《从政遗规》一书，分上下两卷，辑录了从宋代到清代的几十位政治家和学者关于从政的言论与事迹，另附有陈弘谋本人的按语。书中内容非常丰富，涉及为人为官、居官从政等方面的诸多细则。

《从政遗规》上卷中辑录了南宋吕本中《官箴》中的内容："当官之法，唯有三事，曰清、曰慎、曰勤。知此三者，则知所以持身矣。……故舍心处事，戒之在初，不可不察。"意思是说，当官要恪守清、慎、勤。在临财处事时，为官者需要克制自己，戒之在初。此外，还强调为官者需要勤于政务，不可有"宿政"；为官需要自身廉洁，要以清心省事为本。他还征引了王应麟《困学纪闻》中的内容："器久不用则蠹，政不常修则坏，故以屡省为戒。多事，非也。不事事，亦非也。"陈弘谋认为，从政者要戒慎自警，要勤于政事，以省事为戒，不可多事，也不可无所事事。要力戒奢靡之风，要爱惜民力。还有，"奢者富不足，俭者贫有余；奢者心常贫，俭者心常富"，认为为官要持守俭约之道。《从政遗规》下卷中，陈弘谋还援引了清代王之铁的《言行汇纂》中的一些箴言，如"人只一念贪私，便销刚为柔，塞知为昏，变恩为惨，染洁为污，坏了人生一品，故古人以不贪为宝"，强调为官要祛除贪念，以不贪为宝，免得玷污一生清白；还有"清乃官箴之始基，犹贞乃女德之始基，不足恃也"，为官要清心不扰民。"居官以清廉为最。今人以廉吏不可为，而借口于清官害子孙之说，谓官清则子孙不免有清贫之苦也。岂真有所贻害子孙乎"，强调居官以清廉不贪为要为最。

陈弘谋告诫为官者要清廉为政：一要端正为官的动机。为官之要在公不在私，为官要坚持以民为本，坚持为百姓做事，而不是只为自己谋私利。他说："仕者能就养人着想，才有可观。"二要正确地对待钱财。许多为官从政者，贪污受贿，主要在于他们崇尚金钱至上，把获取财富视为为官的根本目的所在。"千里做官，只为吃穿"，"做官不为财，请我都不来"。陈弘谋在《从政遗规》中摘录了大量的箴言，如"士大夫若爱一文，不值一文"，"财之于人也，犹腻之于物，而不可涤者也"，告诫为官者不可贪图钱财，否则就如衣服上沾上油污一样，无法清洗掉。此外，《从政遗规》还提到了其他方面的一些内容，如告诫为官者不要随便接受下属送来的礼物，要"戒之在初"；为官者要清廉俭朴，要抵挡住物质的诱惑，自觉做到"以俭养廉"。

总起来说，《从政遗规》内容恢弘而精深，为官吏们理政为民、清廉公正提供了共同遵循的行为准则，也有助于实现行政的标准化。

四、明清时期清官循吏中的楷模

1. "要留清白在人间"的于谦

于谦（1398—1457），字廷益，号节庵，浙江钱塘（今杭州）人。于谦少时聪颖异于常人，有僧人称奇说"他日救世宰相也"。

十五岁考中秀才，二十三岁考中进士。历任山西道监察御史、兵部右侍郎并巡抚河南和山西，后官至兵部尚书。

于谦为官，关心民瘼，勤于政务。宣德五年（1430），三十三岁的于谦出任兵部右侍郎并巡抚河南、山西时，到达所辖区域内，积极调查民情。他看到当地百姓民不聊生，灾祸不断。于谦就上书朝廷，请求朝廷拨款赈灾，并从府库中放出大量储存的粮食，救济灾民，帮其渡过灾荒；还积极奏令布政使设法给予流民田地、耕牛和种子，让里老专门负责监督管理。当时，河南境内近黄河之处，时常遭受到黄河水患的威胁，给人民群众的生命财产带来很大威胁。所以，防治黄河洪水泛滥就成为保障民生的首要问题。于谦带领百姓"厚筑堤障，计里置亭，亭有长，责以督率修缮"。于谦治理黄河的措施，较好地保障了人民群众的生命财产安全。受益的民众在河堤旁建起了祠堂，树立于谦的塑像，以纪念他治河救灾之功。于谦在《咏煤炭》一诗中曾写道："但愿苍生俱饱暖，不辞辛苦出山林。"他以诗言志，将兴利除弊、拯救民生作为自己的人生抱负。他勤政爱民，刚正清廉，深受百姓的爱戴，被尊称为"于青天"。

于谦虽身居要职，但为官清正廉明。他从来不行贿，不受赂，不妄取一线一物。明正统年间，宦官专权，官场腐败，贪污受贿蔚然成风。当时，大臣们进京拜谒，往往都会带上厚礼以馈赠给权贵，方便日后攀附。于谦却是特立独行，异于他人。他每次进京议事，都是空着口袋，这让在京的权贵们大失所望。有同朝进京的好心人婉言劝说于谦:"即不橐金往,宁无一二土物充交际耶?"于谦却指着自己的两个袖子笑着说:"吾惟有清风而已。"他还当即赋《入京》诗一首,其中写道:"两袖清风朝天去,免得闾阎话短长。""两袖清风"一成语即此而传开。六十岁寿辰那天,于谦的同乡好友郑通给于谦送了一份生日贺礼,但被于谦婉言相拒,并给郑通写了四句话:"你我为官皆刚正,两袖清风为黎民。寿日清茶促膝叙,胜于厚礼染俗尘。"郑通看了于谦所写文字后,十分敬佩,于是就让家人把礼物带回,自己进门与于谦叙谈友情。

于谦虽然官秩品级较高,俸禄也颇为丰厚,但生活依然简朴如故。"钱多自古坏名节",于谦将所得之俸禄,多数用于救济他人,自奉俭约,衣不锦绣,食不兼味。在他所作《暮归恐有客至》一诗中写道:"小小绳床足不伸,多年蚊帐半生尘。官资已极朝中贵,况味还同物外人。老圃松筠随处好,名园桃李逐时新。公余只合凭书卧,座上何须有大宾。"如此清贫的生活,于谦却是乐在其中。景帝见于谦居室实在太过简陋,赐给他一所宅第。于谦推辞说:"国家多难,臣子何敢自安?"见再三推辞不掉,只好把皇帝赐予的玉玺、书籍等物放置于正堂,自己仍然居住在旧屋偏房。

于谦一生刚正不阿,忧国忘身。在国家危难之际,于谦挺身而出,爱国从道,匡济时艰。1449年,蒙古瓦剌部也先率兵进犯明境,并在土木堡大败明军,明英宗被俘,并准备攻打北京。有人建议弃京南迁。于谦坚决反对,提出:"京师天下根本,一动则大事去矣。"于是,于谦被任命为兵部尚书,拥立明景帝,反对朝廷南迁。随后,他又调集二十万兵力,保卫北京,迎击也先的主力部队。经过数月苦战,最终击退瓦剌军。后来,因被俘的英宗帝被敌方放回,英宗又通过发动"夺门之变",重新夺回了皇位。随即,于谦被明英宗杀害,制造了大明历史上最大的一桩冤案。直到明宪宗时期,于谦的冤案才得以昭雪。在朝廷发布的诰示中就说:"当国家之多难,保社稷以无虞,惟公道之独恃,为权奸所并嫉。在先帝已知其枉,而朕心实怜其忠。"(《明史·列传》卷五十八)

于谦是明朝最杰出的大臣之一,也是中华民族历史上彪炳史册的民族英雄。他终其一生,践行"粉身碎骨浑不怕,要留清白在人间"的人生誓言。他忧国忘家,身系安危,志存宗社,厥功伟矣;他性格正直,品德纯洁,操守高尚,堪称官者之典范。

2. "直言天下第一疏"的海瑞

海瑞(1514—1587),字汝贤,广东琼山人。他自幼聪敏好学,少时即以圣贤为榜样,严格要求自己。嘉靖二十八年中举,但后来两次会试均不第。嘉靖三十三年,接受吏部任命为南平教谕。嘉靖三十七年,擢升为浙江淳安县知县。此后,踏入仕途,为官三十余载。

海瑞为官爱民如子。海瑞为官从政后,历任知县、户部主事、大理寺左寺丞、大理寺右寺丞、南京通政使司右通政使、应天巡抚、南京都察院右部御史等不同职位和类别的官职。但无论在何等职位上,他都始终坚持以民为本,清正爱民。如在任淳安知县时，就为淳安的老百姓办了许多实事、好事。对全县的土地进行重新丈量，清查人口，按照实际的土地与人口分摊赋税与徭役。推行保甲制度，组织村民自卫，强化治安，兴修水利，开垦土地。嘉靖四十二年，调任兴国知县。海瑞到任后，深入民间，体察民情，明察暗访，查找症结，制定对策，提出"兴国八议"。从"议屯田""议地利""议隘所""议均赋役""议红站马船""议招抚逃民""议哨所""议革冗员"八个方面入手，进行综合治理，在不到一年半的时间里，兴国容貌大变。隆庆三年，海瑞担任右佥都御史，巡视应天十府，发现水利年久失修，水灾频发，赋役沉重，土地集中，百姓困苦。"瑞锐意兴革，请浚吴淞、白茆，通流入海，民赖其利。素疾大户兼并，力摧豪强，抚穷弱。贫民田入于富室者，率夺还之。"（《明史·海瑞传》）

　　海瑞为官不畏权贵，刚直不阿。海瑞所处的武、世、穆、神（宗）四朝，吏治腐败已经到了极点。官场中阿谀逢迎，吹嘘拍马、卑躬曲膝者触目皆是，献媚取宠，摇尾乞怜者随处可见；但在污浊的封建官场中，海瑞却是特立独行的一位。《明史·海瑞传》中说："御史诣学官，属吏咸伏谒，瑞独长揖，曰：'台谒当以属礼，此堂，师长教士地，不当屈。'"早年在南平任县学教谕时，有位巡抚御史到南平视察，所有学员、训导、教谕都到城外列队跪拜迎接，唯独海瑞一人挺立不跪。他认为学校非官府，为人师表要有尊严，所以他只是作揖为礼，得了个"笔架博士"之雅号。在兴国县任县令时，前尚书张鳌的侄子，狐假虎威，仗势欺人，不仅敲诈勒索，还公然抢劫。海瑞铁面无情，无私无畏，坚持秉公执法，将其治罪下狱。张鳌获知此事后，立即从中串通说情，要求赣州府立即放人。海瑞知道这一情况后，冒着杀头的危险向皇上上书揭露张鳌请托舞弊的行为。任户部云南司主事时，针对嘉靖皇帝迷信道教、热衷祥瑞、修炼道法、生活奢华、不理朝政，奸臣当道的弊病，海瑞作《治安疏》，痛斥皇帝的不当之举，指责皇帝的种种过失。《明史·海瑞传》中记有："帝得疏，大怒，抵之地，顾左右曰：'趣执之，无使得遁！'宦官黄锦在侧曰：'此人素有痴名。闻其上疏时，自知触忤当死，市一棺，诀妻子，待罪于朝，僮仆亦奔散无留者，是不遁也。'帝默然。少顷复取读之，日再三，为感动太息，留中者数月。尝曰：'此人可方比干，第朕非纣耳。'"还有，老相国徐阶罢相回到江苏华亭县老家，成为当地最大的地主，兼并土地无数，家人横行乡里，欺压百姓。海瑞不畏权贵，秉公办案，对徐家违法乱纪者一律惩处。

海瑞为官清廉俭朴。"送礼"有时也似乎合乎人之常情，"不宜峻绝"，亦属理所当然。但海瑞却认为，有些人"今日少献殷勤"，其"意实有所求"，他们通过这种变相贿赂的方式要换取更多的东西。所以，海瑞主张坚决禁绝这种交易性质的"送礼"，并严格规定：第一，今后凡有送薪、送菜入县门者，以财嘱论罪；第二，"接受所部内馈送土宜礼物，受者笞四十，与者减一等，律有明禁"（《禁馈送告示》）。之所以规定如此严格，甚至是"不近人情"，其实道理很简单，海瑞说"衙门一堂之上，二十五人指视,可行之乎",十目所视,十手所指,不能受贿,也不应该受贿。同时,在海瑞看来,"一事私,百事之私随之",如此一来,千百件私事就会接踵而至,这怎么可以呢?所以,必须要禁绝"送礼"之风。此外,海瑞日常生活也是非常俭朴的,《明史·海瑞传》中就说:"(瑞)布袍脱粟,令老仆艺蔬自给。"有一次,海瑞给自己的老母亲过生日,从街上买了二斤肉,竟遭浙江总督胡宗宪嘲笑。"总督胡宗宪尝语人曰:'昨闻海令为母寿,市肉二斤矣。'"(《明史·海瑞传》)隆庆五年,罢官在家的海瑞,并无多少积蓄,只靠祖传的十亩薄地、家人编织草鞋出售或自己写文楹维持生活。《明史·海瑞传》中还说:"瑞无子。卒时,佥都御史王用汲入视,葛帏敝籝,有寒士所不堪者。因泣下,醵金为敛。小民罢市。丧出江上,白衣冠送者夹岸,酹而哭者百里不绝。赠太子太保,谥忠介。"海瑞去世后,皇帝派的御史王用汲检视他的行囊,仅有葛布一端,旧衣数件,比一般的寒士还要清贫。

可以说,海瑞一心一意为民谋福利,的确难能可贵;他立誓"清廉"为政,既坚持以"清"律己,又坚持以"清"律人;他刚直不阿、为民请命、廉洁俭朴的清官形象,深深地镌刻在了百姓的心中,受到百姓爱戴与传颂,以至民间流传着"千古清官,北有包拯,南有海瑞"。

3."天下廉吏第一"的于成龙

于成龙(1617—1684),字北溟,号于山,山西永宁人。于成龙少有大志，自幼深受儒家思想教化。顺治十八年，四十五岁的于成龙，不顾亲朋的阻拦，抛妻别子，怀着"此行绝不以温饱为志，誓勿昧天理良心"的抱负，获授广西罗城知县。罗城地处边陲，当时被认为是烟瘴之地，没有人愿意到此为官。由于受多年战乱的影响，罗城虽为县，但既无城郭，也没有像样的官廨，尤其是当地民情复杂，老百姓生活困顿，盗贼盛行，民族矛盾突出，社会秩序混乱。所以，于成龙初到罗城时，看到的是当地贫穷落后、经济凋敝。于是，他着力恢复地方秩序，发展农村经济，放宽地方徭役，兴建学官，创设养济院，废除恶俗陋习。数年后，罗城面貌为之大变，民众富足，"禾穗被野，牛羊满山"。因此，当于成龙离任罗城时，县民聚集"遮道呼号：'公今去，我侪无天矣！'竟追送数百里，哭而还"。

后来，于成龙又升任合州知州。他大力革除宿弊，整顿吏治，减除徭役，重划田庐，招民垦田，发展生产。结果，期月，户增至千。他在直隶任巡抚期间，就向属官颁布《严禁馈送檄》，规定说："而今而后，凡遇重阳、冬至、元宵等节，并过路送礼各衙门，概行禁止。如有私相馈献，查出后并行参革，决不宽容。"青县知县赵履谦有贪墨行为，并且顽固不化，于成龙将其依法查办。

于成龙善政且勤政。他总督江南之时，政务更加繁忙。这时，他虽已年近古稀，但仍是勤勉执事，不敢稍事宽假。他事必躬亲，"治事尝至达旦"。有人劝他要注意休息，他却说："我非不知食少事繁，养生所忌。吾虽尽瘁，于国家所得，不已多乎！"

　　于成龙不仅是治政之能吏，而且是为政之廉吏。他为官二十余载，始终保持清廉俭朴之风，除朝廷俸禄之外，便身无长物。在罗城任知县时，就曾在致友人的信中写道："数年来，一举一动原非为功名、富贵计……日食二餐或日食一餐，读书堂上，坐睡堂上，毛头赤脚，无复官长体统。"[1] 康熙十七年，于成龙升任福建按察使，主管福建的司法。赴任前，买数百斤萝卜置于船中，随从不解地问萝卜不值钱，买那么多萝卜干啥。于成龙回答说："沿途供馔，得赖此。"赴任两江总督时，与别人仪仗结队、执事呵道、兵丁护卫不同的是，于成龙和小儿子一起，雇了一辆驴车，身上仅带几十文钱，没有进驻专供官员过往吃住的驿馆，只是食宿于路边小店，悄无声息地到达江宁住所。任职于富庶的江南时，"仆从无从得蔬茗，则日采衙后槐叶啖之，树为之秃"，于成龙"日食粗粝一盂，粥糜一匙，侑以青菜，终年不知肉味"，被老百姓称为"于青菜"。

　　康熙二十三年（1684），一代清官于成龙病逝于任上。人们前往其住处，只见有"笥中绨袍一袭、床头盐豉数器而已"。人们为于成龙的清廉俭朴所感动，士民无分男女长幼，皆"罢市聚哭"，家家绘制了于成龙的像以祭祀之。康熙帝称于成龙实为"天下廉吏第一"，还破例亲自为于成龙撰写碑文，这是对于成龙清贫节俭、廉洁刻苦、勤政爱民一生的表彰。

[1] 匡淑红：《为官史鉴》，北京出版社2012年版，第184页。

4. "天下第一清官"的张伯行

张伯行(1651—1725),字孝先,号恕斋,河南仪封人。他自幼聪颖好学,七岁就有儒者之风。他认为只要努力学习,人人可为圣贤。他一生挚爱读书,无论是在鞍马舟车之上,还是生死危急之秋,他手未尝释卷,学业不断长进。康熙二十四年(1685年),考中进士。他关心百姓疾苦,同情民众生活,乐行好施,历任济宁道台、江宁按察使、福建巡抚等职。

张伯行为官清廉,"不取民一钱"。无论任职于何处,他从不带家眷。当他赴任济宁道台时,正好遇上山东发生灾荒,饥民无数。张伯行一方面积极上书朝廷,请求赈灾;另一方面,尽自己所能,散出家财,从家乡运来粮米、衣物等进行赈济,以解百姓燃眉之急,继而动用仓谷两万余石赈济灾民。当时,藩司对他擅自动用仓谷的行为大加指责。张伯行却义正词严地申辩说:百姓正嗷嗷待哺,如不急加赈济,使百姓流离失所,性命难保,谁来承担这个罪责呢?如果以擅动粮谷问罪,恐怕以后山东各官都以此为戒,"视仓谷重、民命轻,害不可言矣"。

后来,张伯行升任江宁按察使。有人提醒他说,按照新官上任的规矩,要给上司送礼金。张伯行说:"我居官,誓不取民一钱,安能办此!"所以,张伯行不但没有送上司礼金,反而还自题"禁止馈送檄"匾额,悬挂于堂上,以便整顿吏治。檄文中就说:"一丝一粒,我之名节;一厘一毫,民脂民膏。宽一分,民受赐不止一分；取一文，我为人不值一文。谁云交际之常，廉耻实伤，倘非不义之财，此物何来？"可以说，在张伯行看来，百姓所得即为民脂民膏，力求赋税宽简；平常公务，拒收一分一毫。这样，看到这一檄文的行贿送礼之人，只好悄然离去。张伯行的清廉，身居九重的皇帝也多有所耳闻。康熙知道他"居官极为清廉，最不易得"。所以，康熙四十六年（1707）春天，康熙南巡经过清江时，就特意召见了张伯行。

当然，在当时整个官场贪贿之风盛行的大环境下，正直清廉的张伯行也时常会遭受到贪婪成性的上司压制而郁郁不得志。1710年，张伯行上疏请求告病还乡。康熙帝爱惜人才，驳回了张伯行的请求，并说："张伯行操守廉洁，立志不移，朕所深悉。江苏重地，正资料理，不得以衰病辞。"（《清史·张伯行传》）张伯行只得忍辱负重，继续留任。

康熙五十年，江苏举行乡试，时任总督噶礼与考官相互勾结，徇私舞弊，使一些人通过金钱贿赂手段在乡试中获得举人资格，他们则从中渔利银钱数十万两。发榜以后，有几个平时根本不通文理的人，居然榜上有名，舆论哗然。苏州数以千计的士人愤愤不平，集会抗议。张伯行获知真相后，不畏权势所惧，立即上书弹劾噶礼，希望朝廷能依法严办。张伯行上疏之后，噶礼也立即拟定奏疏，捏造七种罪名，反诬张伯行。康熙得知噶张二人相互参劾后，遂立即下令二人停职，听候审理。当时，张伯行正在扬州，当地百姓们听说他被解职的消息后，出现了数万人罢市停业，以示抗议，并想奔赴京城上告朝廷。康熙知其中另有隐情，就进行明察暗访。最后，裁决张伯行留任，噶礼革职。当地老百姓闻讯后，欢声雷动，有数万人扶老携幼，奔赴龙亭，焚香结彩，表示庆贺。

雍正即位以后，对张伯行这位前朝老臣依然非常敬重，并提升为礼部尚书。两年后，张伯行因病辞世。雍正特赐谥号"清恪"，表彰他为官清廉，恪勤职守。张伯行一生廉洁清正，身体力行，不愧为一代清官循吏的典范。

参考文献

一、古籍文献

[1] 李学勤. 十三经注疏 [M]. 北京：北京大学出版社, 1999.

[2] 周振甫. 诗经译注 [M]. 北京：中华书局, 2010.

[3] 江灏, 钱宗武. 今古文尚书全解 [M]. 贵阳：贵州人民出版社, 2009.

[4] 孙诒让. 周礼正义 [M]. 北京：中华书局, 1987.

[5] 杨天宇. 礼记译注 [M]. 上海：上海古籍出版社, 2004.

[6] 黄寿祺, 张善文. 周易译注 [M]. 上海：上海古籍出版社, 1989.

[7] 杨伯峻. 春秋左传注 [M]. 北京：中华书局, 1981.

[8] 陈鼓应. 老子今注今译 [M]. 北京：商务印书馆, 2003.

[9] 陈鼓应. 庄子今注今译 [M]. 北京：中华书局, 2007.

[10] 赵守正. 管子注译 [M]. 南宁：广西人民出版社, 1982.

[11] 晏婴. 晏子春秋 [M]. 北京：中华书局, 1985.

[12] 杨伯峻. 论语译注 [M]. 北京：中华书局, 1980.

[13] 杨伯峻. 孟子译注 [M]. 北京：中华书局, 1960.

[14] 张觉.荀子译注[M].上海：上海古籍出版社,2012.

[15] 司马迁.史记[M].北京：中华书局,1982.

[16] 曾振宇,傅永聚.春秋繁露新注[M].北京：商务印书馆,2012.

[17] 阎振益,钟夏.新书校注[M].北京：中华书局,2011.

[18] 向宗鲁.说苑校证[M].北京：中华书局,1987.

[19] 王利器.颜氏家训集解[M].北京：中华书局,2011.

[20] 吴兢.贞观政要[M].上海：上海世纪出版集团,2008.

[21] 周敦颐.周敦颐集[M].北京：中华书局,1990.

[22] 张载.张载集[M].北京：中华书局,1978.

[23] 程颢,程颐.二程集[M].北京：中华书局,2004.

[24] 黎靖德.朱子语类[M].北京：中华书局,1986.

[25] 陆九渊.陆九渊集[M].北京：中华书局,1980.

[26] 孙卫华.明夷待访录校释[M].长沙：岳麓书社,2011.

[27] 顾炎武,黄汝成.日知录集释[M].上海：上海古籍出版社,2013.

[28] 王夫之.读通鉴论[M].北京：中华书局,2013.

二、今人学术专著

[1] 梁启超.先秦政治思想史[M].长沙：岳麓书社,2010.

[2] 柳诒徵.中国文化史[M].上海：东方出版中心,1988.

[3] 梁漱溟.中国文化要义[M].上海：上海人民出版社,2011.

[4] 冯友兰.中国哲学史[M].上海：华东师范大学出版社,2011.

[5] 侯外庐.中国思想通史[M].北京：人民出版社,1957.

[6] 王钧林.中国儒学史：先秦卷[M].广州：广东出版社,1998.

[7] 韩钟文.中国儒学史：宋元卷[M].广州：广东出版社,1998.

[8] 陈来.宋明理学[M].上海：华东师范大学出版社,2004.

[9] 肖群忠.孝与中国文化[M].北京：人民出版社,2001.

[10] 傅永聚,任怀国.儒家政治理论及其现代价值[M].北京：中华书局,2011.

[11] 王杰.先秦儒家政治思想研究[M].北京：人民出版社,2011.

[12] 曾振宇,齐金江.孝[M].北京：中国社会科学出版社,2006.

[13] 张涛,项永琴.廉[M].北京：中国社会科学出版社,2006.

[14] 赵雅丽.史说官德[M].北京：北京出版社,2012.

[15] 李建华.官员的道德[M].北京：北京大学出版社,2012.

[16] 张希清,王秀梅.官典[M].长春：吉林人民出版社,1998.

[17] 皮剑龙,等.中国古代的廉政和清官[M].北京：中共中央党校出版社,1991.

[18] 麻承照.廉政文化概论[M].北京：中国方正出版社,2011.

[19] 肖杰.中国传统廉政思想研究[M].长春：吉林大学出版社,2010.

[20] 李小红.中国古代廉政思想简史[M].北京：中国方正出版社,2011.

[21] 王同君.中国历代廉政思想[M].北京：中国方正出版社,2007.

[22] 唐贤秋.廉之恒道:中国传统廉政文化现代转换研究[M].北京:中国社会科学出版社,2014.

[23] 卜宪群.中国历史上的腐败与反腐败[M].厦门:鹭江出版社,2014.

[24] 魏琼.中国传统清官文化研究[M].北京:法律出版社,2009.

[25] 杨昶.廉——令德懿行系国脉[M].南宁:广西人民出版社,1997.